1995년 서울, 삼풍

1995년 서울, 삼풍

ⓒ 서울문화재단, 2016. Printed in Seoul, Korea

초판 1쇄 펴낸날 2016년 4월 29일
초판 4쇄 펴낸날 2021년 6월 28일

기획·발행 (재)서울문화재단 (대표이사 조선희)
구술채록 메모리[人]서울프로젝트 기억수집가
구술자료편집·구성 최은영 (기억수집가, 삼풍백화점 TFT)
사업기획 서울문화재단 공공예술센터
팀장   김희영
진행   임예원, 서금슬, 선결
홈페이지 www.sfac.or.kr/memoryinseoul
페이스북 www.facebook.com/memory.inseoul
전화   02-3290-7000

펴낸이   한성봉
편집   박소현·안상준·이지경·박연준
디자인   유지연·김경주
마케팅   박신용·오주형·강은혜·박민지
경영지원 국지연·강지선
펴낸곳   도서출판 동아시아
등록   1998년 3월 5일 제1998-000243호
주소   서울시 중구 퇴계로30길 15-8 [필동1가 26]
페이스북 www.facebook.com/dongasiabooks
전자우편 dongasiabook@naver.com
블로그   blog.naver.com/dongasiabook
전화   02) 757-9724, 5
팩스   02) 757-9726

ISBN   978-89-6262-142-6   03300
이 도서의 국립중앙도서관 출판예정도서목록(CIP)은
서지정보유통지원시스템 홈페이지(http://seoji.nl.go.kr)와
국가자료공동목록시스템(http://www.nl.go.kr/kolisnet)에서
이용하실 수 있습니다. (CIP제어번호: CIP2016010801)

표지와 각 장 시작 부분 일러스트는 한상훈 작가가 제공한 것입니다.

1995년
서울、
삼풍

서울문화재단 기획
메모리〔人〕서울프로젝트 기억수집가 채록

사회적 기억을 위한 삼풍백화점 참사 기록

일러두기

- 구술자의 소속 및 직함은 1995년 삼풍백화점 참사 당시 기준입니다.
- 본문에서 단어의 표기나 맞춤법 등은 국립국어원의 규정을 따르되, 사투리의 사용 등 입말의 개성을 살린 부분도 있습니다.
- 본문 중 진분홍색 괄호는 인터뷰 당시 구술자의 심리, 동작을 나타내는 지문地文이며, 일반 괄호는 편집자 주입니다.

1장 우리는
삼풍백화점에 있었다

: 참사 24시

한낮의 붕괴 조짐

농담 삼아 "백화점 무너지는 거 아냐?"

○ 삼풍백화점 직원 김현주 씨

보통 백화점이 오전 10시에 개장해도 저희는 8시쯤 출근해요. 다 모여서 파이팅 하는 거 있잖아요, 아침마다 그런 식으로 회의하거든요. 양복 입고 앞에서 사내 공지사항 전달하는 분이 오늘은 공사 도중 가스가 잘못돼서 5층 영업을 못 한다고 하더라고요. 손님들이 물어보면 '오늘 5층은 휴업입니다' 하고 안내하라고 했어요.

그 사람이 가고 저희끼리 "아니, 가스도 새고 금도 가고 그러면 어, 이 백화점 무너지는 거 아냐?" 그러면서 농담했어요. 굉장히 웃긴 언니가 하나 있었는데 그 언니가 "야, 이거 무너지면 어떻게 하냐, 흔들면 무너지는 거 아냐?" 이러면서 포즈도 취하고 그랬거든요. 그런데 진짜 무너진 거예요, 그날. 진짜로.

"영업은 백화점 문제였죠"

○ 서초경찰서 강력반 반장 김홍수 씨

(사고 당일) 삼풍백화점에서 신고가 들어왔어요. 물이 샌다고. 5층 중국집인가 일식집인가, 신고가 들어와서 저하고 우리 형사들, 김남목 반장도 그때 같이 갔을 거예요. 오전 10시 참모회의 끝나고 나서 말입니다.

삼풍백화점에서 '세계 희귀 보석전'을 하니 사람들이 많이 올 것 아니겠어요. 그런데 그 보석전 관계자와 금은방 사람들은 위험을 감지하고 벌써 피했더라고요. 식당은 매일 장사하니까 그 사람들만 남아 있었어요. 그래서 저희들은 우선 준공검사를 언제 했는지, 공사로 인해 균열이 난 건지, 이런 걸 조사했고 그 다음 건축설계사 이명재 씨를 불렀어요. 5층을 보니 하중을 많이 받는 물건들을 따로 만든 가건물에 넣어 두고 자물쇠로 잠갔더라고요. 지하에 놓을 데가 없다고. 이 무게를 견딜 수 있게끔 건물이 설계됐는지 조사하려고 부른 거죠.

"지금 현재 붕괴위험이 있다고 신고가 들어왔는데 만약 그렇다면 큰일 아니냐?" 그랬더니 구조설계사, 건축사가 다 돌아보고 하는 말이 '건물이 한 번에 무너지지는 않는다, 받침대를 받치거나 물건을 치우는 조치를 하겠다'고 이야기하더라고요.

그때가 오후 1시에서 2시 사이쯤 됐을 거예요. 전문가들이 받침대를 대면 안전에 이상이 없다고 하니까 저희들은 물러날 수밖에 없잖아요. 영업을 하는 것은 백화점 문제고, 안전진단은 구조설계사가 와봤기 때문에. 저희들은 그분들이 괜찮다고 하면서 자기들이 응급조치도 한다니까 그렇게 보고하고 끝났죠.

어수선한 직원들의 무전기
○ 노동운동가 하종강 씨

밥때를 놓치고 계속 일을 하다가 늦은 점심 먹으러 삼풍백화점에 간 게 오후 3시쯤이였죠. 5층 중앙 계단 올라가면 식당이 양쪽에 쫙 있었거든요. 거기 전주식당인가 콩나물국밥을 팔았어요. 그걸 먹으러 갔는데 식당이 문을 닫았더라고요.

5층 식당들 절반 정도가 조명이 꺼져 있었고, 식당 입구에 띠를 두르고 사람들을 못 들어가게 해놨어요. 무전기 든 직원들이 이것저것 살펴보고, 백화점 임원처럼 보이는 사람이 보고받고 있더라고요. 나머지 절반은 그냥 훤하게 불 켜놓고 장사하고 있었죠. 저는 무슨 점검이 있거나 경미한 누수가 생겼나, 이 정도로만 생각했지 건물에 금이 가서 무너질 정도였다는 건 상상을 못 했죠. 나중에 알고 보니 이때 이미 5층에 금이 가기 시작했더라고요. 눈에 띄게 금이 간 쪽만 영업을 중단하고 멀쩡한 쪽은 영업했던 거죠.

붕괴 직전, 친구와의 통화
○ 희생자 친구 홍은영 씨

(근무지는 달랐지만) 저도 백화점 판매사원이었고 친구도 백화점 판매사원이었어요. 동갑이었고 말이 잘 통했어요. 여름휴가도 같이 가고 저의 신랑 친구들이랑 어울려 논 적도 있어요. 이 친구 매장이 '지방시'하고 '잇산티'라고 장인들이 수작업한 가죽 가방을 팔았거든요. 꽤 고가였어요. 최소 70만 원, 100만 원 넘는… 그래서 얘가 부담감이 있었어요. 혼자 근무할 때 이 물건들을 잃어버릴까 봐 항상 노심초사했죠. 그래서 그만두겠다는 말을 자주했어요. 저는 1년 근무하면 기본급에 퇴직금 나오니까 그거 타고 그만둬라, 설득하고 그랬죠.

이 친구가 무너지기 30분 전 저한테 전화를 했어요. '백화점이 너무 덥다. 옥상에 균열이 생겼는데 그것 때문에 에어컨이 멈췄다더라. 그런데 이상하다, 분위기가.' 이 친구가 1층 로비 바로 앞에서 근무하니까 사람들이 나가는 게 보이잖아요. 윗사람들, 경영진들이 굉장히 급박하고 왠지 모르게 긴장된 모습으로 빠져나간다는 거예요. "이상해" 계속 그러더라고요. 그래도 우리는 상상할 수 없잖아요, 백화점이 무너질 거라는 걸. 저도 좀 이상한 느낌에 "너도 매장 두고 퇴근하는 건 어때?" 그랬어요. 그랬더니 "저 물건들 비싸잖아. 누가 훔쳐가면 어떡해. 내 책임이 될 텐데" 하더라고요. 사실 같은 판매사원으로서 공감이 가는 거예요. (친구 매장의 손해를) 내가 책임져줄 것도 아닌데 개한테 계속 나가라, 이렇게 말하기도 그렇고. 저는 또 "그래도 손님 없으면 지하 매장에서 간식 먹고 시간 때우다가 퇴근해" 그랬어요. 옆 매장에서 서로 봐주기도 했거든요. 이 친구가 "음, 음" 그러면서 "그래야지" 하는데 속마음은 자꾸 나가고 싶은 눈치였어요. 그런데 제가 "너도 (백화점 밖으로) 나가" 이렇게 확신을 안 주니까 얘도 갈팡질팡하더라고요. 저도 "네가 판단해야지 내가 어떻게 할 수 있는 일은 아닌 거 같다, 그거 (매장) 잠깐 비었다고 회사에서 널 추궁하겠니, 정 마음이 내키지 않으면 나가" 이랬더니 "더워서 못 견디는 거지, 뭐" 그러더라고요. 저희는 보통 월요일이 휴무거든요. "우리 월요일 날 만나서 영화 보고 놀자" 하면서 친구가 대화를 마무리했고 저도 "그래, 전화해" 하고 전화를 끊었어요. 그러고 나서 저도 제 매장으로 왔죠. 그런데 (동료 직원) 애들이 와서 "언니, 삼풍백화점 무너졌대" 딱 그러는데 아, 그때는 가슴이 팍 이상하니 온통 회색으로 싹 변하더라고요. 매장에 주저앉았어요.

1995년 서울, 삼풍

사고 이후 너무 힘들었어요. 제가 의도해서 벌어진 일은 아니지만 죄책감이 심하게 밀려오는 거예요. 마음속으로 계속 친구에게 얘기했어요, 미안하다고. 제가 뭔가를 좀 아는 사람이었으면 애를 구할 수 있지 않았을까, 이런 생각도 지워지질 않았어요. 이게 불가항력이잖아요, 사람으로서는. 그게 너무너무 힘들더라고요. 결혼을 해도 생각나고 계속 생각이 나는 거예요. 서울교대 근처를 못 가고… 갈 용기가 안 났어요. 텔레비전이나 매체에서 삼풍 사고 몇 주기다, 나오면 읽어볼 엄두도 안 났어요. 안쓰럽고 미안하고, 인생에 대해서 생각하게 되고, '꼭 이렇게 갔어야 했나, 젊은 나이에…' 하는 생각도 들면서 한동안 우울함에서 빠져나올 수가 없었어요.

(죽은 친구가) 백화점 세일 기간에는 밥도 30분 만에 해치우고, 하루 종일 매장에 서서 쉬지도 못하고 일했거든요. 거의 중노동을 하다시피 하면서 열심히 살았어요. 열심히 산 삶의 끝이 이러니까 회의감도 들고 '열심히 한다고 누가 알아주나, 또 희생양 되는 거 아냐' 괴로운 생각이 밀려와서 다시 제자리로 돌아오는 게 너무 힘겨웠어요.

1995년 서울, 삼풍

오후 5시 55분, 붕괴의 순간

3초 만에 무너진 백화점

○ 삼풍주유소 직원 오영상 씨

저는 늘 주유소에 나가 있으니까 건너편 삼풍백화점은 항상 한 눈에 보였어요. 유리로 된 (백화점) 5층 유리창이 맨 처음에는 다닥, 다닥 깨져요. '왜 그러지? 저걸 왜 깨지?' 순간적으로 생각했죠. 다닥, 다닥 깨지더니 갑자기 건물이 쿵 내려앉더라고요. 한순간에 내려앉는데 3초도 안 걸렸을 거예요, 제가 본 느낌에.

저희 주유소에 자동차가 항상 한 15대, 20대 정도 있어요. 차 위로 갑자기 먼지가 쌓이는 거예요. 파편 덩어리도 마구 쌓였죠.

건물이 무너져버리니까, 압력이라고 해야 하나, 공기가 한꺼번에 확 몰려오는 느낌이었어요. 아비규환이 따로 없었죠. 먼지로 완전히 덮여 한 치 앞도 안 보이는데 사람들이 튀어나오기 시작하는 거예요.

순식간이라 뭐가 뭔지 몰랐어요. 그러다 '큰 문제가 생긴 거구나' 해서 저희 주유원들 한 20명이 하던 일 다 중단하고 백화점으로 뛰어들었죠. 아마 구조는 저희가 가장 먼저 시작했을 거예요. 저는 직접 붕괴 현장에 들어가진 않았고 나오는 사람을 맡았어요. 스스로 나온 부상자분들은 제 발로 주유소로 걸어 들어왔죠. 당시 주유소 사은품으로 물이 많았어요. 저희 사장님이 주유소에 있는 모든 것을 다친 사람을 위해 제공하자, 하셨어요. 사고가 나니까 제일 필요한 게 물이더라고요. 그래서 물 공급을 하기 시작했죠. (이후 삼풍주유소는 서초구 사고대책본부가 쓸 사무실을 무료로 제공하기도 했습니다.)

저희 직원들이 부상자를 구조하는데 건물 잔해에 끼어 있는 분들은 목소리가 들리지 않잖아요. 일단 목소리가 들리는 곳을 찾아가서 부상자를 끄집어냈어요. 와서 살려달라는 사람, 앞으로 쓰러지고 팔 부러진 사람… 그 광경을 제 눈으로 직접 봤죠.

전화로 기사 쓰는 기자

○ 조선일보 사회부 법조출입기자 홍헌표 씨

(서울지방검찰청) 기자실에서는 붕괴 현장이 안 보여요. 기자실 바로 옆에 검찰 공판부가 있거든요. 재판할 때 와 있는. 사람들이 그곳에 몰려 있길래 '무슨 일이냐' 해서 쫓아갔더니 무너진 삼풍백화점이 바로 보였어요. 거기가 12층이었을 겁니다. 폭격 맞은 것 같았어요. 폭격 맞아도 그렇게는 안 되죠. 고스란히 쏙 내려앉은 모양이었어요. 무지 큰 무전기 같은 모토로라 휴대 전화 들고 달려가면서 기사를 불렀어요. "마치 폭격 맞은 것 같은 느낌이다" 그런 식으로 제가 휴대 전화로 기사를 부르는데 회사에서 전화를 받은 우리 경찰기자의 대장, '캡'이 이해를 못 하는 거예요. 제가 "삼풍백화점이 무너졌습니다" 그러니까 "그게 왜 무너지냐?", "두 동이 있는데 한 동이 그냥 주저앉았습니다" 그래도 이해가 안 되니까, "야, 임마, 그게 왜 주저앉냐?"해요. "그런데 어쨌든 다 주저앉았습니다" 이 말밖에 할 수 없었죠.

그 당시 심정은 끔찍하다, 무섭다 이런 감상보다는 일단 저 건물이 무너진 게 납득이 안 되는 거예요. '왜 무너졌을까?' 하는 생각이 앞섰어요. 일단은 기자니까 기사를 불러야 한다는 생각에 현장으로 달려갔거든요. (당시 속보기사는 현장 기자의 전화 보고로 쓰여졌습니다.) 12층을 단숨에 내달리며 길을 가로질러 사고 현장까지 달려갔던 그 순간, 촌각을 다툰다고 할까요? 기자로서의 느낌이 강했던 거 같아요. 참혹하다 이런 느낌은 그 다음에 들었고, 저게 왜 무너지지, 저 어마어마한 사건이 왜 벌어졌지 하는 놀라움이 컸습니다.

제가 기사를 부른 시간이 한 10분 정도 됐을 겁니다. 취재를 해야 하잖아요, 취재라는 게 무너진 곳으로 가서 "기사 부를게요" 하고 현장 상황을 전화 통화로 전하는 겁니다. (삼풍백화점) 5층인가 중국식당에서 일하던 분이 피를 흘리며 뛰어나오는 사람한테 간단하게 상황을 묻고 그 정신없는 상황에서 서로 몇 가지 이야기하는 것을 들었어요. 백화점 1층에 뭐가 있고, 뭐가 있고… 하는, 그것만 가지고 기사를 불렀습니다. 조선일보 안에서는 제가 부른 '백화점이 무너졌다'라는 기본 팩트 말고 붕괴 원인을 추정해야 했죠. 이때는 건물 구조보다 테러를 더 의심할 수밖에 없었어요. 당시 YTN이 개국한 지 얼마 안 됐을 거예요. 마침 YTN 중계차가 사고 현장을 지나가다가 그걸 목격하고 생방송으로 보도했어요. 저희가 그 화면을 캡처해서 가판 신문에 실었죠.

엎친 데 덮친 격, 화재
○ 서초경찰서 강력반 반장 김남목 씨

붕괴 직후 온통 다 먼지였어요. 붕괴 현장을 보는데 밑에서부터 부석부석하면서 불꽃이 보이더라고요. '저게 뭔가?' 보니 합선 사고로 불이 나는 거였어요. 엎친 데 덮친 격으로 콘크리트 더미에서 불이 나니까 '저 밑에 깔린 사람은 어떡하지' 다급해졌어요. 불이 나니까 사람이 더 초조해지더라고요. 일단은 손가락이 다 뭉개질 정도로 콘크리트를 파헤쳐 보이는 사람부터 대피시켰어요. 이후 뉴스 보도되니까 앰뷸런스, 소방서 (구조 인력) 운집하고… 그러니까 그때부터 교통 차단하고….

건물이 무너져도 금고는 지킨다

○ 민간구조대 엄경의 씨

(무너진 건물 잔해 속) 중앙 계단 기둥 옆에 지하로 내려갈 수 있는 계단이 있더라고요. 거길 통해 지하2층쯤 내려가니까 경비원 한 분이 계셨어요, 안 무너진 쪽에. 식품부 금고를 지키고 있더라고요. '아저씨, 거기서 뭐 하시냐' 물으니까, 자기는 손전등 들고 금고를 지켜야 한다는 거예요. 돈 받는 금고 있죠, 자기는 거길 지켜야 한다고.

폭발이라는 허위 보도

○ 한국시설안전기술공단 건축부장 박홍신 씨

경찰이 바리케이드 쳐놓고 못 들어가게 하는 거예요. 저는 폭발이나 그런 것도 많이 봤기 때문에 저게 (백화점 붕괴 원인이) 폭발일까, 확인하기 위해 삼풍백화점 옆 삼풍아파트 옥상에 올라갔죠. 보니까 폭발이 아니더라고요. 그런데 매스컴에선 폭발이라고 했어요. 그러면서 또 이상한 얘기가 나왔어요. '테러 아니냐.'

그때는 엄청나게 큰 휴대 전화 썼던 거 같은데, 일단 공단 실장님에게 첫 보고를 했죠. 폭발이 아닌 것 같다고. 폭발이라면 주변 아파트 유리창이 다 깨졌어야 맞고, 파편이 날아가야 하는데, 전혀 아니다. 이건 폭발이 아닌 거 같습니다, 보고했어요. 기둥들 몇 개가 중간중간에 철근을 드러낸 채 서 있더라고요. 위에서부터 바닥 슬래브slab(철근 콘크리트 바닥널로 쓰이는 건축 자재)가 차곡차곡 낙하하면서, 기둥에 붙어 있던 것들이 순식간에 다 떨어져 나온 거죠. 슬래브를 지지해주는, 서로 연결된 모양의 철근들이 삐져나오면서, 기둥의 콘크리트가 터져버린 거예요. 슬래브와 연결되지 않았던 부분은 콘크리트 기둥이 그대로 있는 모양이었어요.

폭발의 원래 개념은요, 폭발과 동시에 모든 것이 밖으로 튀어나오지만, 1초 안 돼서 다시 빨아들여요. 폭발력은 퍼져 나가는 힘도 무섭지만, 빨아들이는 힘도 엄청나죠. 2차 충격을 주는 구조인데 일단, 그런 것이 안 보였어요.

시루떡처럼 주저앉은 건물

○ 삼풍백화점 붕괴사고 원인규명감정단 정란 씨

건물은 완전히 땅 아래로 사라져버렸고요, 앰뷸런스가 몰렸고 온갖 사람들이 달려들었죠. 사람들이 무지무지하게 많았어요. 다들 어떻게 구해보려고 앰뷸런스 주변에 줄곧 몰려 있었어요. 사람은 많았지만 어떻게 손을 쓸 수가 없어요. 콘크리트 한 층 높이 두께가 40센티 정도 돼요. 지하5층, 지상4층 백화점 건물이 타다다닥 지하로 무너져서 밑바닥까지 쏙 들어가 버린 데다 워낙 무거운 콘크리트 더미가 덮쳐 있는 터라 사람 손으로는 어떻게 할 방법이 없더라고요.

지하로 무너진 슬래브 판 8개 층 사이사이에 천장재가 조금씩 있는 형태였어요. 떡고물이 있고 떡이 있고, 또 떡고물이 있고 한 것처럼. 두께 40~50센티의 콘크리트가 있고, 두께 한 5~10센티쯤 되는 천장재가 있고, 또 40~50센티 콘크리트가 있는 상태로요. 안 무너진 B동 쪽을 통해 무너진 A동을 보니 떡시루처럼 돼 있더라고요. 층층이 쌓여 있는 그 잔해 사이에 사람이 살 수 있는 여건이 전혀 없어 보였어요. 구조된 분들은 파편에 맞았다든가 또는 바람의 충격으로 넘어진 거죠. 건물 안에 깔린 사람은 전혀 구하질 못했어요.

완전히 틈이 없었어요. 40~50센티 되는 콘크리트 사이 틈이 10센티도 안 되고 거기에 전선이며 이런 부속 자재들이 잔뜩 깔려 있고, 거기에 무거운 게 눌러버리니 완전히 납작하게 붙어 있었어요. 사체를 찾을 방법이 없었죠. 일단 달려갔지만 첫날 저녁은 어떻게 손을 쓸 수가 없었고요. 큰 장비가 필요했어요.

일부의 일부만 남아 있는 시신들

○ 구조 현장 응급의 안명옥 씨

커다란 돌멩이와 먼지가 쌓여 있었고, 분진도 많이 날렸고… 제 기억에는 (무너진 건물) 잔해 옆에 안전보호띠도 없었던 것 같아요. '아, 참 위험하다' 하는 생각과, 한편으로는 '아무것도 안 하고 있구나' 하는 느낌이 강했죠. 위험해서 못 들어갔던 것 같아요. 엄청난 크기의 잔해들 때문에.

저희가 구조 현장에 들어갔다가 잘못돼도 책임 못 진다, 그러길래 '책임지지 마라, 내가 들어간다' 응대하고 한두 분과 같이 헬멧 쓰고 들어갔어요. (붕괴된 건물 안은) 말씀드리기도 참혹한, 아고, 마, 말씀드리기도 너무 충격적인 기억으로 남아 있어요. 이거에 비하면 다른 것들은 그야말로 아무 충격도 아닌 거 같아요. 아, 이 말은 진짜 기록으로 남겨야 될지 모르겠는데, 일부의 일부만 남아 있는, 그런 몸의 일부만 우리가 볼 수 있었어요. 제가 그 구조 현장에서 계속 울고 살았어요. 그 전날 사람을 많이 살릴 수 있었는데, 하는 생각과 당장 아무것도 하지 못하는 무력감에 시달렸습니다.

1995년 서울, 삼풍

생사의 갈림길, 구조 현장

연장을 들고 나온 시민들

○ 한국기독교연합봉사단 조현삼 씨

차에서 라디오를 듣는데 아나운서가 다급하게 말했어요. '지금 삼풍백화점이 무너졌고, 수많은 사람들이 갇혀 있습니다, 그런데 지금 구호 활동에 필요한 장비나 도구가 없는 상황입니다, 랜턴 하나만 있어도 사람을 살리는 도구가 됩니다.' 저는 그날 일하고 받은 강사료로 '랜턴이라도 몇 개 사다주고 와야 되겠다' 해서 바로 현장으로 향했어요. 원래 잠실 쪽으로 바로 오는 길이 있는데 랜턴을 사려고 상점 몇 군데 들러서 도착했죠.

라디오에서 들어 알기는 했지만 뭐 말이 안 나오더라고요. 연기도 계속 나오고, (삼풍백화점 A동은) 다 무너지고 벽 하나만 서 있는 상태였어요. 자동차도 그냥 지하철 입구 쪽 대로변에 주차했어요. 강사로 일하고 돌아오는 길이니까 양복 입은 채였죠. 저처럼 방송 듣고 달려나온 분들이 더 계시더라고요. 건설현장에 일하는 분들도 계셨는데 다들 집히는 대로 연장을 들고 나왔어요. 드릴 가지고 오신 분, 용접기를 가져오신 분, 또 절단기를 가져오신 분도 있었어요. 그런데 막상 구조 현장에 들어가려니까 경찰이 쳐놓은 폴리스라인에서 막힌 거예요.

일단 경찰책임자를 만나 '제가 지금 방송을 듣고 왔다, 저분들도 마찬가지인데 여기서 막으면 매몰된 사람들 죽는다, 일단 들어갈 수 있게 해달라' 요청했어요. 현장책임자와 이야기한 후 "봉사하러 오신 분!" 외쳤더니 구경하러 오신 분들 말고, 여기저기서 "저도요", "저도요", 하더라고요. "그럼, 들어갑시다" 그래서 들어갔어요. 폴리스라인을 열어준 거죠. 1차 폴리스라인을 지나 들어간 자리가 안 무너진 벽 쪽이에요. 거기 가니까 또 폴리스라인이 쳐져 있었어요. 폴리스라인을 칠 수밖에 없던 것이 이 벽이 언제 무너질지 모르는 거예요. 그때 현장에 투입된 소방관들은 정말 생명을 담보로 들어간 겁니다. 그 벽이 바깥쪽으로 무너지느냐, 안쪽으로 무너지느냐 두 갈래 위험성이 있는 상황이었거든요. 건물 안쪽은 다 무너지고 벽만 서 있어 폴리스라인은 그 벽이 바깥쪽으로 무너질 때를 대비해 그 벽 길이보다 바깥쪽에 쳐져 있었어요. 그런 가운데 소방관들만 그 안에 들어간 상황이죠. 저는 목사이기도 하고, 그런 현장을 보면 그냥 못 지나치는 편이에요. 봉사하러 오신 분들도 "지금 저 안에 사람이 죽어가고 있다, 들어가자" 저에게 재촉하고 경황이 없었어요. 현장 책임자가 있어도 어떤 명령을 해주진 않았어요. 왜냐하면 거기 들어가라고 명령했다가 2차 붕괴로 누군가 죽으면 명령한 사람이 책임을 져야 하거든요. 그런 결정을 내려줄 수 있는 사람이 없었어요. 그래서 저희는 스스로 '우리 들어가겠다' 통보했죠. 책임자가 "저 안은 위험합니다" 했지만 저희는 "압니다. 추후 발생하는 일에 대해서 우리가 책임지겠습니다." 우리의 결정으로 들어간다고 통보는 했지만 찜찜한 마음에 각자 이름을 적었어요. "혹시 우리가 구조 활동 중에 죽으면, 여기서 쇼핑하다 죽은 사람인지 봉사하다 죽은 사람인지는 구분돼야 하니, 각자 이름을 적고 들어갑시다" 한 거죠. 라면박스 하나를 찢어놓고 각자 이름을 썼어요. 그때 같이 들어간 분들이 20명은 안 됐고⋯ 10명은 넘었던 것 같아요. 시간은 정확히 기억나지 않습니다만 제가 성남에서 강의를 저녁 9시에 마치고 갔으니까 한 10시쯤 된 것 같습니다. 들어간 시간은 사고 당일 저녁 10시에서 10시 반 안팎 아니었을까 싶어요.

목숨을 내건 민간구조대

○ 민간구조대 박지석 씨

저녁 6시에 삼풍백화점이 무너졌다는 속보방송이 나왔어요. 저는 돕겠다고 가스마스크 같은 거 챙겨서 뛰어갔죠. 갔더니 뭐 아비규환이더라고요. B동 다 무너지고 뼉따구만 조금 남아 있고. 먼지가 나는 거 같은데, 안에 들어가 보니깐 불이 난 거더라고요. 이 사람, 저 사람 와서 우왕좌왕 어떻게 할 줄을 모르는 거예요, 사람들이. 사고가 난 지 얼마 안 됐을 때니까 무질서했죠.

밤이 되니 적십자사에서 주먹밥, 김밥 등을 가져왔어요. 저는 예비군 지휘했던 경험도 있으니까… 먹으면서 얘기했어요. "이렇게 해서는 한 사람도 제대로 못 구한다, 사람 구하려면 단합이 돼야 한다. 그래서 저희는 상자에다 '우리는 죽음을 각오했다' 이런 문장이랑, 각자 이름을 썼어요. 누군가가 지휘를 해야 했는데 '그럼 중대장님이 하시오' 해서 제가 맡았어요. 그렇게 가스용접 절단기로 지하 곳곳을 절단하면서 구조 작업을 시작했어요. 저도 나중에 병원에 입원까지 했고 참 고생 많이 했어요. 어떤 보수도 받지 않고 한 일이었죠.

그런데 작업을 중지시키더라고요. 미국에서 전문가가 왔는데, 이 건물이 또 무너질지 진단한다고 했어요. 자그마치 만 하루를 또 구조 작업 못 한 거죠. 우리가 볼 땐 얼마나 안타까워요? 나중에는 삼척인가 어디 탄광에 있는 분들이 와서 뭔가를 한다고 했죠.

1995년 서울. 삼풍

강원도에서 온 '광부 구조대'

○ 강원도 태백 장성광업소 광원·파견구조대 도주동 씨

저희는 차출돼서 붕괴 현장에 왔죠. 공설 운동장에서 헬기를 탔는데 헬기야 뭐 빠를 거 아녜요. 차로 (서울) 갈 때는 몇 시간 가야 하는데. 수방사(수도방위사령부) 군 헬기가 왔어요. (참사 다음 날 6월 30일, 통상산업부는 국방부의 헬기 지원을 받아 강원도 태백지역 탄광의 광원을 사고 현장에 급파했습니다.)

가면서도 '야~ 거기 가서 뭐를 어떻게 해야 되겠나?' 하고 '위험해지면 어떤 조치를 취해야 하나' 그것부터 생각했죠. (강원도에서 서울까지) 40분 걸렸나… 빨랐죠. 즉시 현장에 갔더랬지. 처음에는 몰랐지요. 나중에 들어가서 보니까 거짓말 안 하고 시멘트 떨어진 철근만 있는데 사람들 피가 어마어마하게 있었어요. 그다음부터 (참사 피해자가) 있을 만한 공간을 찾으러 다니는 거래요. 조금이라도 공간이 있으면 파헤쳐보고, 뜯어보고 하다가 어느 정도 다 돼가는 무렵 '구조 현장이 위험하니 다른 분들은 절대 들어가지 말고 장성광업소에서 온 분들만 현장 조사에 착수해주세요' 하고 안내방송이 나왔죠. 구조 현장이 많이 위험한 건지, 다른 구조대분들이 작업을 더 할 수 있는지, 그 여부를 저희가 진단하기 위해 지하 곳곳에 투입됐어요.

1995년 서울, 삼풍

"이분이 제 생명을 살려줬어요"

○ 민간구조대 민경덕 씨

구조 활동에서 장도리하고 산소절단기를 사용했는데, 산소절
단기는 많지 않았어요. 걸리는 거 있으면 절단해서 들어가고, 또 절
단해서 들어가고… (무너진 건물 잔해 속 공간의) 높이가 낮으니까
(허리를) 펴지도 못했고요.

제가 좀 위험한 곳으로 들어갔어요. 다른 구조대분들이 들어간
곳은 하늘이 뻥 뚫려 있었는데 저는 조금 가려져 있는 곳이었어요.
건물 잔해 중에 큰 기둥이 있었는데 (희생자들이) 여기 밑으로 들
어가지 않았을까, 생각한 거죠. 누구나 기둥 옆으로 숨었을 것이다,
하는 생각. 그래서 그쪽으로 간 거죠. 누가 지정을 해주는 게 아니
었고 자발적으로 들어가서 무작정 구출하는 거였어요. 무식한 방법
이죠. 탐지기가 있는 것도 아니고 장비가 좋은 것도 아니고 진짜 맨
땅에 헤딩하는 거였어요. 그런데 어느 정도 정리가 되고 장도리로
두들기니까, 잔해 더미 밑에서 소리가 났어요. 1시간쯤 지나니까 소
리가 안 났어요. 매몰된 분들도 지치니까 주무시는 건지 실신을 한
건지…. 나갈까 말까 하다가 장도리로 계속 두들겼죠. 장도리로 막
쳤더니 또 희미하게 소리가 들리더라고요. 그런데 어디서 나는 소
리인지 모르겠는 거예요. 넓잖아요, 광범위하고. 밑에서 나는 소리
는 울리더라도 넓게 울리고요. 그래서 맨 처음에는 못 찾아냈어요.
그분(매몰된 사람들)들도 힘이 빠진 상태고. 애초에 뭘로 두들겼는

지 모르겠지만 계속 두들겼을 거예요. 제 생각에는 생크림 케이크 매대 받침 같았어요. 10밀리 정도의 철근으로 계속 두들기는 것 같은데 더 이상 소리가 안 들렸어요. 저희는 수신호로 교신하면서 아래로 내려갔죠. 구덩이를 1미터 50센티 정도 팠는데 보이는 게 없었어요. 손 말고 다른 도구가 없었어요. 호미, 이런 것도 없었어요. 그냥 긁어내면서 바구니로 전달해서 버리고, 또 전달해서 버리고, 그렇게 파고 들어갔어요.

그때 "살려주세요" 하는 목소리가 들렸어요. 두 분이 "살려주세요. 살려주세요" 하는데 바로 밑이더라고요. 제가 랜턴하고 장도리만 갖고 들어가서 보니 매몰자 분의 오른쪽 다리가 콘크리트에 묻혀 있었어요. 나중에 알았지만 거기가 생크림 케이크 가게에 있는 기계 밑이었어요. 두 명이 서로 꼭 붙들고 그 밑에 들어간 거죠. '이름이 뭐냐, 나는 누구다' 대화하고 안심시켜가면서 노래도 불렀어요. 공간도 워낙 좁고 변변한 연장도 없어서 땀 뻘뻘 흘려가며 겨우 그 다리를 뺐죠. 그런데 이제는 움직이지 못하는 거예요. 힘이 없는 거죠. 그래서 조금 더 기다리고 계속 달래가면서 구출했어요. 구조된 분이 밖으로 나와 "이제 살았다" 하고 제 손을 싹 잡았는데 뭔가를 저한테 주더라고요. 옷핀이었어요. 아니, 머리핀.

일주일 뒤 세탁하려고 옷을 뒤지는데 주머니에 그 머리핀이 있는 거예요. '이게 뭐지?' 생각해보니 그분이 준 거죠. 친구하고 '가져다주자' 해서 알아봤더니 강남성모병원(현 서울성모병원)에 입원해 계시더라고요. 찾아가서 "저 아십니까?" 했더니 모르시더라고요. 그런데 그 머리핀을 주니까 엉엉 우는 거예요. "이분이 제 생명을 살려줬다" 하면서.

지휘 체제 없는 아수라장

○ 서울소방본부 구조구급과 구조주임 이일 씨

제가 소방관 복장을 하고 있어서 그런지 여기저기서 저를 찾더라고요. "여기 사람 있어요, 여기도 사람 있어요!" 소리치고. 제가 '숨진 사람 빼고 일단 살아 있는 사람만 구출하겠다' 하니까 저쪽에서 "사람이 살아 있어요" 하는 거예요. 그래서 "어디 있습니까?" 물었어요. 저 멀리 구석에서 군의관이 소리치고 있더라고요.

기억수집가: 군의관은 구조대 활동을 하는 분이셨나요?

네, 군부대가 벌써 있더라고요. 깜짝 놀랐죠. 가까이 있는 수방사에서 나오신 거 같았어요. (참사 당일 오후 8시경 수도방위사령부, 특전사, 의무사 등에서 현장에 구조 인력을 급파했습니다.) 군의관 말을 듣고 딱 보니 아주머니 한 분이 보였는데, 살아 있었어요. 엎드린 채로 "살려주세요, 살려주세요" 하시면서. 저는 전체적인 상황을 파악하러 온 거였기 때문에 "잠깐만 기다리시라" 했어요. 지금 장비하고 인원이 와야 한다, 사람을 데려오겠다, 하고 안

정시키고 4미터쯤 안으로 들어갔어요. 그런데 그 아주머니가 "아저씨! 아저씨 안 오시면 어떡해요" 하셔서 염려하지 마시라, 꼭 온다, 약속했죠. 제가 안 올까 봐, 본인이 잊혀질까 봐 걱정되셨던 거예요.

지하1층부터 쭉 내려가서 보는데, 지하가 꽤 넓었어요. 저 끝 삼풍아파트 뒤쪽은 어두컴컴해서 무너졌는지 어떻게 된 건지 감을 못 잡겠더라고요. 계속 혼자 걸어가는데 무섭기도 했죠. 뒤집혀 있는 시신들도 보이고. 참 착잡했죠. 자동차들은 다 뒤집혀 있었어요. 건물이 내려앉으면서 기압으로 뒤집어지고, 날아간 거죠. 깨진 파편들, 상품들, 하여튼 나올 수 있는 것들은 다 널브러져 있었어요. 엘리베이터에 탄 사람들도 문이 열려 탈출할 때 '튕겨 나왔다가 다시 뒹굴어져서 엘리베이터 안으로 빨려 들어갔다' 이런 진술도 있거든요. 문이 떨어지고 내려앉으면서 기압으로 인해 튕겨져 나갔다가 공기가 다시 쭉 빨려 들어갈 때 같이 딸려 들어온 거죠.

현장 청소도 해야 하잖아요. 차도 뒤집어졌고 파편도 튀어 4차선 도로 양편에 돌맹이가 널려 있고 엉망진창이었죠. 청소과에서 밤새 청소하는데 뒤집어진 차를 레카차(기중기가 장착된 견인차)로 빼고 포클레인으로 잔재를 치우고 옮겨야 하잖아요. 덤프트럭도 필요하죠. 덤프가 오면 덤프에 짐을 올리는 용도의 포클레인이 또 있어야 해요. 조그마한 페루다(적재용 화물차) 말고… 이런 차들이 소방차, 구급차하고 마구 뒤엉켜버리니까, 거기서부터 무질서라는 말이 나오죠. 방송차 등 온갖 차량들도 오기 시작합니다. 왜? 뉴스 영상을 보고 '야, 이 정도면 나도 가서 봐야겠다' 조금 관심 있고

적극적인 사람들이 다 왔다 해도 과언이 아니었죠. 그 좁은 공간에 이런 차들이 몰려 얼마나 혼잡했겠습니까. 엄청난 대혼란이 일어났죠. (구조 현장 주변의 교통 통제가 되지 않아 100여 대의 차가 뒤엉키는 바람에 응급환자수송이 늦어지는 경우도 있었습니다.) 아침이 밝아오니 소방서에서 현장지휘본부를 꾸리기 시작했죠.

뭔가 아니었던 게, 첫날 제가 인명 구조 활동할 때 지하 주차장에 있는 자동차들 다 확인했거든요. 며칠 안 가 차창이 다 깨져 있었어요, 트렁크도 열려 있고요. 18만 원 정도 되는 고가의 옷들이 나뒹굴고 있었어요. (사고 발생 초기, 백화점의 고가 상품과 현금, 주차장의 고급 차량 오디오 등의 도난사고가 발생했습니다.) 장비를 가지고 왔다는 사람들도 배낭 열어보면 구조장비가 있는 게 아니고, 고가 옷, 이런 것들이 들어 있었어요. 또 훼손된 시신, 잘린 손가락도 들어 있었어요. 사망자가 끼고 있는 반지를 빼가려는 거죠. 도저히 구조대라고 볼 수 없었어요. (이런 좀도둑을) 통제하기 위해 뭔가 대책을 세워야겠다, 일단 신원파악을 시작했죠. 자원봉사자들 전부 주민등록증을 제출하게 하고, 그 다음 자원봉사자들 중 좀 친해진 사람들 있잖아요? 네다섯 명씩 묶고 대장, 팀장을 뽑자, 결정했죠. '장백산구조대' 이런 식으로 이름도 붙이고. 또 구조대 복장을 맞춰야겠다, 뭐가 좋을까 했더니 조끼가 가장 구하기 쉽다는 거예요. '그럼 조끼를 구해봅시다' 그런데 도저히 조끼를 구할 여력이 안 되는 거예요. 그래서 서초소방서에서 가져온 도장을 명단에 있는 사람들 옷 위에 찍어줬죠. 문방구에서 이름표도 사와서 각자 이름을 써서 달았어요.

현장에서 구급차끼리 싸우는 일도 있었어요. 당시 여러 기관에서 구급차가 왔어요. 저희 119 당연히 왔고 민간 구급차, 또 병원 구급차, 보건소 구급차, 군부대 구급차 등. 문제는 현황 파악이었어요. 저희는 환자들을 병원으로 이송한 후 저희끼리 무전으로 정보를 공유하는데, 다른 기관의 환자 이송 정보는 모아지지 않는 거예요. 구조 현장은 말 그대로 혼란스럽잖아요, 저희는 어떤 나이대의 사람 몇 명을 어느 병원으로 이송했는지, 사망자의 성별이나 옷 색깔이 뭔지, 이런 게 기본적으로 나오는데 다른 기관 분들은 그게 안 나왔어요. (민간 구급차는) 병원에서 돈을 지급하는 체제인데 (이송자 명단이) 2, 3일 후에나 나왔어요. 사람 숫자도 안 맞았죠. 그래서 안되겠다, 다 빼자. 그래서 119만 남기고 다 뺐어요. 처음엔 '자기들 (119 구조대 이외 기관의 환자 이송 구급차 담당자) 왜 빼냐' 항의했는데 저희는 일단 '지휘본부 방침이다' 그랬죠.

"아저씨, 제가 더 못 살 거 같애요"

○ 도봉소방서 구조대장 경광숙 씨

당시 민간구조대분들이 열심히 눈에 띄는 부상자들을 이송하는데, 이분들이 응급처치에 대한 훈련·교육을 받은 분들이 아니었어요. 문제는 그냥 옮기면 안 되는 부상자들이 있거든요. 예를 들어

경추, 척추를 다쳤다, 이분들을 그저 힘으로 옮기면 하반신 불구나 전신마비가 된단 말입니다. 그런데 거기까지 생각할 여유가 없었던 거죠. 그냥 '빨리 병원으로만 이송하면 된다' 해서 응급조치는 전혀 하지 않은 채 그저 병원으로만 옮기는 상황이었습니다.

민간구조대분들이 구조물에 눌리지 않은 부상자를 병원으로 옮겼고요. 저희 구조대가 도착한 뒤 민간구조대는 현장에서 빠졌어요. 매몰자 탐색 중에 소리가 나면 찾기 어려웠거든요. 저희들은 무전으로 '지금 현재 탐색 중이니까 소음 차단하고 이제 작업 정지를 해달라' 하고 서로 소통이 되는데, 민간구조대분들은 서로 연락이 안 되기 때문에 그저 뛰어다니는 거예요. 안전교육도 안 받으셔서 붕대 칭칭 감고 피투성이 상태로 계속 활동을 하시더라고요. 그래서 일단은 뺐지요. 이게 한 2, 3일 걸렸어요. 구조 지휘 체제가 갖춰지는 데 일주일 정도 걸렸다고 보시면 돼요. 처음 그 일주일은요, 잠을 못 잤습니다. 사고 현장은 지면보다 아래쪽이어서 그 안에서 일 할 때는 밤낮 구분이 없었어요. '눈 좀 붙여야겠다' 할 새도 없이 지나간 것 같아요. 일주일이 딱 지나니까 지휘본부에서 대장들을 소집하더라고요. '일주일을 생각하고 총력을 펼쳤지만 도저히 마무리될 상황이 아니다, 이 상태가 지속되면 모두 쓰러진다, 조를 짜서 교대로 쉴 수 있게 일정을 조정하자' 정했어요. 그런데 이건 저희들 사정이잖아요. 당시 실종자 가족들은 실종자 인원이 1,000여 명 되는데 저희들이 잠자고 있는 걸 그분들이 볼 때 '그래, 이 새끼들아, 니네들은 잠자면서 일하냐' 할 거 아닙니까. 쉽게 결정할 수 없었어요.

처음에는 저희들 쉴 공간도 없었죠. 천막을 마련해달라고 건의해서 5, 6명 누우면 딱 맞는 텐트를 각 대별로 쳐줬어요. 구조대원들끼리 '2시간씩 자고 와라, 우리가 지치면 안 된다' 하면서 본인들 의사도 물어봤어요. 조장급 대원들은 '우리는 구조 활동을 계속한다, 경험 없는 친구들, 후배들을 먼저 재웠으면 좋겠다' 해서 후배들을 먼저 재웠어요. 그렇게 쉬면서 구조 작업을 펼쳤는데 한 열흘 지나니 또 한계가 오더라고요.

또 다른 문제점도 있었어요. 서울 시내 모든 119구조대원들이 전부 삼풍으로 출동하지 않았습니까. 그러니까 관내에서 발생하는 사고를 수습하는 데 어려움이 생겼고, 저희들이 장비들을 모두 가져가서 관할 소방서에 남은 인원도 적고 장비도 모자라 업무가 과중됐어요. 이러다 보니 관할 지역에서 돌아가시지 않을 분들이 돌아가시게 될 수도 있고 구조 과정에서 크게 다칠 수도 있으니 문제가 되더라고요. 이제는 관내에서 일어나는 사고도 대비를 해야겠다, 그래서 4분의 1을 철수시켰던 것 같아요.

기억수집가: 구조대원들은 어떤 식으로 활동을 하셨나요?

평상시 구조대원들은 2인 1조로 활동합니다. 그런데 삼풍 때는 상황에 따라 유동적으로 인원을 배치했어요. 넓은 공간에서 매몰자 목소리만으로 위치 확인이 잘 안 되잖아요. 붕괴 현장은 시루떡 형태로 돼 있다고 보시면 맞아요. 매몰자의 말소리가 들려도 이분이 몇 층, 어디에 계시는지 확인이 안 되는 거예요. 저희는 매몰자 음성의 데시벨 수치를 기준으로 활동 인원 수를 정했어요. 파기 좋은 쪽에 서너 명, 또 그 반대 쪽에 서너 명.

저희 직원이 "계장님, 여자분의 목소리가 들립니다" 그래서 갔어요. "제 말 들리십니까?" 하니까, "예", "지금 견딜 만하십니까?", "예", "좋습니다. 그러면 저희들이 선생님을 구조해드릴 건데, 지금부터 제가 숫자를 셀 겁니다. 그 숫자 중 몇 번이 제일 잘 들리는지 기억하십시오" 제가 있는 위치에서 1, 2, 3, 4, 5, 6, 하고 360도로 회전하면서 숫자를 댔어요. 그랬더니 "8번이 제일 잘 들립니다", "알겠습니다. 조금만 기다려 주십시오" 그런데 "아저씨, 연기가 계속 올라와서 숨 쉬기 힘들어요" 이래요. "아, 그래요? 저희들이 최대한 빨리 작업할 테니 연기를 마시지 않게 입을 가리시고 숨 쉬는 걸 최소화하십시오" 하고 지휘본부에 보고했어요.

'생존자 음성 확인, 구조 작업 전개' 그러고 나서 저희 인원 20명 전부 달려들었죠. (8번 지점에서) 1미터 정도 파고 들어갔어요. 그리고 "제가 지금 물어보는 말 외에 아무 말씀 하지 마십시오. 말을 하는 사이 유독가스를 마실 수 있으니 꼭 제가 물어볼 때만 짧게 대답하십시오" 1미터를 딱 파고 "제 말 들리십니까?" 들린대요. "그러면 제가 숫자를 다시 셀 테니까 다시 한 번 어디가 제일 잘 들리는지 확인을 하십쇼" 다시 숫자를 댔어요. 아까 8번이라고 그랬으면 이번에도 8번 해야 할 거 아닙니까? 1미터 들어가서 확인을 하는데 15번을 대는 거예요. "정말 15번이 맞습니까? 이 번호가 맞습니까?" 그러니까 맞대요. 지휘본부 다시 연락해서 "지금 음성은 들리는데 위치확인이 안 된다. 인원이 부족하니 10명만 더 지원해 달라" 해서 3개 팀을 더 짰어요. 혹시 모르니까 반대쪽도 더 파고 들어가라, 해서 한 2미터 들어갔어요. 그리고 또 확인하는데 (생존 자가 대답하는) 방향이 또 전혀 다른 거예요. 3미터, 4미터, 몇 번을 반복하면서 상당히 많이 팠어요. 그런데 끝에 얘기를 하시는 거예요, "아저씨, 제가 더 못 살 거 같애요"(목이 멘) 그래서 "그러시면 안 됩니다. 지금 포기하면 죽습니다. 지금 집에서 가족들이 기다리고 있을 텐데 포기하지 마십시오, 저희들이 포기하더라도 본인은 포기 하면 안 됩니다" 그랬더니 "알았어요, 제가 최대한 숨을 덜 쉬고 살 기 위해 노력할게요" 그러고 나서 30, 40센티나 들어갔나요. (울먹이 느라 말을 못 이어감) 들어갔는데 말이 끊어져버리더라고요. 그래도 그냥 둘 수 없잖아요. 분명히 근처에 있으니까요. 인원을 더 요청을 했어 요. '음성 확인된 대상자 위치를 확인할 수 없다. 지금 음성이 끊어 진 걸로 봐서는 숨이 멎어가는 순간인 거 같은데 심폐소생술이라 도 할 수 있도록 인원을 좀 더 요청을 한다' 했더니 50명 지원을 해 주더라고요, 구덩이를 엄청 크게 팠어요. 그분은 결국 3시간 후에 발견됐어요. 음성은 그렇게 가까이 들렸는데 이쪽도 저쪽도 아닌 전혀 다른 쪽에 계셨죠. 제가 하도 죄스러워서 신원도 확인 못 했습 니다.

제가 심적으로 힘들고, 그분에게 조금 죄스럽다 하는 마음이
들 때마다 그분 음성이 제 귀에 또렷이 들려요. "아저씨, 살려주세
요!"하는. (계속 울먹임) 제가 잘하지는 못하지만 색소폰을 배우고 있
거든요. 그분한테 죄송스런 마음에 배우기 시작했어요. 한 번씩 위
령비 쪽 가는 일이 생기면 색소폰을 들고 가서 못 부르는 거라도,
그래도…

서울시장 송별 행사 중 들려온 비보
○ 서울시 기획관리실장 김의재 씨

우리나라 최초로 민선자치단체장이 선출돼 있는 시기였어요.
민주당 출신인 조순 시장님이 당선되고, 최병렬 시장님이 이임을
하는 찰나였죠.

사고가 난 시각, 세종문화회관에 600명가량의 서울시 관련 단
체장분들이 모여 계셨어요. 최 시장님을 송별하는 행사가 예정돼
있었죠. 그 당시 저는 기획관리실장이었고 최병렬 시장님을 모시고
세종문화회관에 가려고 시장실에 들어갔어요. 그런데 시장실 텔레
비전에서 '삼풍백화점이 무너져 내렸다' 뉴스가 틀어져 있고 난리
가 났더라고요. 그걸 듣는 순간 '간첩이 건물을 폭파했나?' 별생각
이 다 났어요. 그래서 "시장님 알고 계시냐?" 하니까 "모르신다" 하
는 거예요. 시장실로 들어가 "시장님, 지금 삼풍백화점이 무너져 난

리입니다" 했더니 "현장으로 갑시다" 말씀하셨어요. 그래서 제가
"현장에 가시기 위해서는 교통 체증도 심해 시간도 많이 걸리고, 세
종문화회관에는 600명 관련단체 책임자들이 와 계신다. 시장님을
보러 온 분들에게 아무 인사도 없이 떠날 수는 없다, 일단 세종문화
회관으로 가셔서 양해를 구하시면 저는 그동안 시경국장한테 요청
해 삼풍백화점까지 가는 길을 통제하겠다. 그게 더 빠르다" 이렇게
말씀드리니까 "아, 그러겠다" 하신 거죠.

그래서 최병렬 시장님이 세종문화회관 세종홀을 방문해 '제가
떠나는 날, 이런 큰 사고가 발생했다, 이렇게 많은 분들 와주셨는데
자리를 끝까지 지키지 못해 죄송하다, 제가 시장직을 무사히 마칠
수 있게 도와주셔서 고맙다'는 내용의 연설을 간단하게 하고 서둘
러 나왔습니다.

교통경찰차가 에스코트를 해 삼풍백화점 현장에 금방 도착했
죠. 차 안에서 사고 현장 수습 조치 등을 현장에 지시하면서 갔어
요. 주요조치사항은 수도방위사령부에 주변 외곽경비, 병력배치를
요청하고, 서울시경에 내부경비와 현장 질서유지를 맡기는 거였죠.
그 순간부터 최병렬 시장님이 현장 지휘를 하면서 사고 수습을 하
기 시작한 거죠. 서울시도 각 분야별 전문가를 동원해 사고대책본
부를 설치하고 현장에 계속 상주했어요.

도둑질과 취재 경쟁 사이에서

○ SBS 보도국 기자 성회용 씨

신문사, 방송사 합쳐서 몇백 명의 기자들이 현장에 몰려드니 구조 현장 통제도 안 되는 상황에서 혼란이 극심했어요. "저 사람들 다 뭡니까" 공무원분들에게 물어보니 "기자들이 많이 와서 그렇다" 하셨어요. 그런데 사실 기자들뿐만 아니라 사기꾼들도 많이 왔습니다. 제가 볼 때 자원봉사들 중 3분의 1가량은 절도 목적으로 합류한 사람들이었어요. 삼풍이 워낙 고급 백화점이니까요. 실제로 당시 기록을 보면 자원봉사자로 위장한 절도범들이 서초경찰서에 체포돼 형사 처벌받은 사례도 있습니다. 기자들 몇몇도 자원봉사자로 가장했어요. 저희 후배 기자들도 발생 24시간쯤 지나서야 붕괴 현장 출입을 통제받았습니다. 입구에서 경찰이 막고 신분을 확인하고 들여보내니까 취재를 할 수 없잖아요. 구조 상황을 취재하기 위해 각 언론사 기자들 중 좀 터프하게 생겼다 하는 사람들이 "나 자원봉사자요" 하고 안전모 쓰고 허리에 수건 차고 들어가기 시작한 거예요.

기억수집가: 2차 붕괴 위험도 있는데….

바로 그것 때문에 통제했고요. 기자들이 들어간 데는 아주 위험한 쪽은 아닙니다. 좀 무너져도 안 죽는 데만 들어가는 거죠. 기자들이 조금이라도 자기 생명이 위협받는 곳을 들어갈까요. 그렇지는 않았습니다. 다만 여기저기서 온갖 일들이 많았어요. 심지어는 도둑들이 기자라고 사칭하기도 하고, 기자는 자원봉사자를 사칭하고… 그런 극도의 혼란을 통제하는 센터가 없는 게 문제였죠. 당시 서울시 경찰청이 그걸 장악할 수 있는 상황이었는가, 경험이 없으니 어려웠고요. 공교롭게도 서울시장이 교체되는 시점이었기 때문에 서울시 공무원들도 일사불란하게 지휘되지 않았죠.

소방은 통제가 본연의 임무가 아니에요. 대형 사고 현장에서 소방의 목적은 인명 구조와 진화입니다. 통제는 경찰의 영역입니다. 사고 발생 뒤 72시간이 지나고 나서야 그 같은 혼란들이 하나씩 정리됐죠. '이거 너무하지 않느냐? 이건 저쪽으로 옮기고, 기자들은 이 선을 넘어오지 말라' 이런 식으로. 저희도 72시간째부터는 컨테이너 갖다 놓고 장기전 체제로 돌입했어요. 차량 통제 문제도 그때부터 정돈되기 시작했는데 삼풍백화점 양쪽으로, 반포에서 교대쪽으로 가는 사거리를 다 막아 일반 차량의 출입을 막고, 구조에 관계된 차량만 들어올 수 있게 했죠.

온몸에 들이부은 식용유

○ 강남소방서 구조대원 현철호 씨

평생 잊혀지지 않는 분이 계셨는데 아주 작고 왜소한 체구에

도배·페인트 일하는 분이에요. 저희가 엄청난 먼지와 악취 속에서 숨쉬기도 힘들어하면서 작업하는 걸 보고 안타까웠는지 커다란 널빤지를 가지고 오셨어요. 합판 부스러기인데 저희가 굴을 파고 안에 들어가 작업을 할 때 바깥에서 땀을 뻘뻘 흘리면서 공기를 불어넣어주셨어요. 작업이 끝날 때까지. 뒤에서 공기를 넣어주면요, 작업 환경이 정말 좋아져요. 작업하다가 뒤돌아보면 온몸에 땀을 흘리면서, 안경 고쳐 쓰고 닦아가면서 저희에게 계속 부채질을 해주시는 거예요. 저는 그분이 진짜 대단한 사람이라고 생각했어요. 그분의 도움이 있었기 때문에 저희가 한 명이라도 더 구할 수 있지 않았나 싶어요. 구조대원들 모두 입 모아 말했어요. '저 아저씨는 상 받아야 할 사람'이라고.

환경미화원 24명을 구조했던 일도 기억에 남네요. (신천 개발 소속, 삼풍백화점 환경미화원 24명은 붕괴 51시간 만에 탈의실이 있던 지하3층에서 구조됐습니다.) 그분들이 거기 갇혔다는 제보를 받고 구조 작업을 시작했을 적에는 저희가 서서 들어갔어요. 그러다 갑자기 2차 붕괴가 발생해서 요란한 굉음과 함께 무너져 내린 거죠. '아, 우리도 여기서 같이 죽는구나' 싶었는데 소리가 멈추고 보니 다행히 완전히 다 무너진 게 아니었어요. 무릎 꿇고 일어설 정도의 높이까지만 무너졌더라고요. 마지막에 저를 포함 다섯 명이 남았는데 저희는 아직 생존자가 있다는 그 사실 하나만으로 최선을 다했어요. 마지막 스물네 번째로 구조해드린 분은 몸집이 아주 컸는데, 우리가 계속 구멍을 팠다가는 무너져 내릴 위험이 큰 상황이

었어요. 강원도 태백에서 오신 '광부 구조대' 광원분들 조언 듣고
버팀목을 만들었어요. 그런데도 이걸 더 파면 아예 붕괴해서 저분
들도, 우리도 다 죽는다, 해서 더 이상 파지 못했어요. 어렵게 어렵
게 스물세 분은 구조했는데… 체구가 큰 마지막 분은 몸이 빠지질
않았어요. '저 큰 몸집을 이리로 빼낼 수 있을까' 절망적이었죠. 저
희 대원들 중 제일 날씬한 사람이 그 안으로 들어가 그분을 안쪽에
서 밀고 저희는 바깥에서 끌어당겼죠. 그래도 몸이 안 빠져서 콩기
름, 식용유를 가져와 식용유 한 통을 그분 몸에 들이부었어요. 저희
가 파놓은 콘크리트 더미에도 계속 그걸 끼얹고 부어가면서 악전고
투 끝에 그분도 마저 구조할 수 있었죠.

실종자 가족 대표를 선출한다는 것
○ 서울시 보사환경국 국장 권오호 씨

(삼풍백화점 참사 희생자 대책위원회) 대표 선정 절차를 만들
었어요. 우선 '희생자 가족으로 신고한 사람 중에 한 사람씩만 대
표자추천회의에 올 수 있다' 합의한 뒤, 증명서를 발급했습니다. 희
생자와의 관계 등을 기재한 접수대장을 만들고 대표자 선정 작업에
착수한 거죠. (서울교대) 강당에서 저녁 7시쯤 유가족 대표를 뽑기
로 했어요. 경찰이 딱 입회해서, 그 증이 있는 사람들만 들어와 선
거를 했는데 김상호라는 분이 대표자가 됐어요. 그 사람 혼자 결정

을 할 수 없으니까 한 10여 명도 추가로 뽑았어요. 그분들이 저와 대화하는 창구가 됐죠. 저는 그때부터 희생자 가족분들이 요구하는 것들을 시청을 대표해서, 가능하면 시 당국에 떼를 써서라도 다 들어주려고 했습니다.

당시 그분들이 요구한 게… 시신이 나오잖아요? 시신이 나오면, 소방관들이 인상착의 등을 적고 구급랑이라고 사망자를 싣는 포대기 같은 게 있어요. 시신을 구급랑에 넣어 지퍼로 착 잠그고 병원으로 보내요. 그 다음 병원에서 우리한테 시신의 나이는 몇 세고, 남자고 여자고, 옷은 뭘 입었고 등의 정보를 알려주면, 저희는 벽에 써 붙이는 거죠. 그럼 희생자 가족들이 보고, '아고, 내 가족 같다' 하면 한 열 사람씩 병원에 쫓아가 확인을 하죠. 시신 한 구가 발견돼도 유족을 찾는 시간이 오래 걸리고 정확하지도 않아 전부 불만이 쌓이고 있었어요. 이걸 체계적으로 해달라는 요구가 거셌고, 저는 그런 걸 해결했던 거죠. 식사 문제부터 물 문제, 전화기 문제까지. 저도 마찬가지였고 거기 같이 일하는 사람도 상황을 종합해서 발표하지 않으면 모르는 거예요. 텔레비전도 한 10대 이상 설치했어요. 그런 것도 전부 민원이었죠. 유언비어도 많이 나돌았어요. '시신을 방치한다'든지 '시신 예우를 안 해 준다'든지 하고요. 저녁이면 술 취한 사람들이 와서 책상 부수고… 저도 초기에 멱살 수없이 잡혔죠.

특별히 생각나는 게 있어요. 구조가 자꾸 늦어지니까, 유가족분들도 답답할 것 아닙니까? "구조 현장이 도대체 어떻길래 안 보여주느냐"해서 '실종자 가족 대표를 10명씩, 하루 한 50명, 참관시키자' 합의했어요. 아침 8시 회의 갈 때 유가족 한 열 사람 데리고 올라갔어요. 지상에서 벌어지는 구조 현장 참관은 그냥 보면 되는데 지하가 제일 문제인 거예요. 소방본부장이 지하실 출입 통제를 하면서 못 들어가게 하는 거예요. 그래서 '어제 저녁에 대책회의에서 보내기로 했는데 왜 안 되느냐?', '안 된다' 이거예요. '당신 어제 저녁에 보내주기로 했는데 왜 안 보내주냐?', '거기 들어갔다가 무너져 가지고 사람 죽으면 누가 책임지냐?' 이거죠. '나 그거 책임 못 진다.' 그래가 마 아무리 다퉈도 끝이 없어요. '내가 책임진다', '사인하라' 그래서 사인했어요. 그래서 다 같이 사닥다리를 타고 지하에 내려갔죠. 백열등을 켰는데도 캄캄해요. 냄새는 말이죠. 지하1층 과일 가게 과일도 썩고, 시신들도 썩어서 그 냄새가 지독하게 나는 거예요. 1층에 가니까 아이고, 지금도 (생각하면) 끔찍한 장면인데, 여자분 시신 하나가 시멘트 사이에 끼어 거꾸로 늘어졌는데, 머리도 축 늘어지고, 팔다리 늘어져 있는데 그걸 끌어내지를 못하는 거예요. 끌어내다가 시멘트가 무너지면 밑에 사람 다 죽는 거죠. 나중에 다시 가보니 소방관들이랑 민간구조대가 망치로 때려 시멘트를 깨내 끄집어내더라고요. 햐~ 참혹한 상황이에요. 냄새도 그렇게 나고. 희생자 가족분들이 그날 한 댓 번 (구조 현장 참관을) 하더니만, 안 오더라고요. 구조 작업이 어렵다는 사실을 알게 된 거죠.

생존자를 위한 담요, 망자를 위한 장의낭

○ 대한적십자사 재난구호팀 이철수 씨

담요나 운동복, 이런 생필품을 지원했어요. 구조 현장에는 담요를 많이 지원했고요. 지하 매몰 현장은 물도 차 있어서, 구조된 분들 중에 저체온증을 보이는 분들도 있었을 테니 담요로 덮어서 보온을 해주면서 이송해야 했거든요. 그럴 용도로 구호품 담요를 지원했고, 또 안타깝게 돌아가신 분들, 이분들을 이송할 때는 장의낭이라고 있습니다. 2미터 정도 되는 천으로 된 건데 피가 배어 나오지 않도록 방수 처리돼 있고, 지퍼로 여닫는 식이었어요. 시신을 담아 병원으로 이송하는 용도였죠. 그 장의낭을 꽤 많이 지원했습니다. 인명 피해가 그만큼 컸었다는 의미이기도 하고요.

오밤중에 챙긴 드링크제 1만 병

○ 봉사약국 책임자 장복심 씨

우리 아들이 거기를 (삼풍백화점 붕괴 현장) 가보자고 했어요. 그런데 현장 출입이 통제돼서 적십자 외에는 못 들어가게 하더군요. 마침 아는 분이 적십자에 계셔 상황을 물어봤더니 지금 물이나 마스크, 드링크제 같은 게 있으면 너무 좋겠다는 거예요. 왜냐하면 자기들(구조 인력)이 밥도 못 먹고 먼지도 많이 들이켜니까요.

1995년 서울. 삼풍

또 구출된 부상자에게 물도 먹여야 하니까, 그게 가장 필요하다고 했어요. 밤 11시가 넘었던지라 약국들이 문을 닫았어요. 그래서 우리 약국에 있는 거 전부 가지고 나오고, 이웃 약국에 전화해 마스크 2,000장, 드링크제 1만 병을 구했어요. 우리 약국에 있는 거는 한 5,000병, 열 박스도 안 돼서 가까운 약국, 약사에게 막 꾸고, 얻었죠. (참사 현장에는) 오밤중에 도착했어요, 11시, 12시경에.

119구조대 지원 환경이 너무 열악했거든요. 적십자 사람들 말고 일반인 자원봉사가 별로 활성화되지 않은 때였어요. 우리가 구조 현장에 들어가진 못하지만, (자원봉사자들에게) 드링크나 필요한 약을 좀 주기로 했어요. 119대원들도 한 번 밑에 들어갔다 나오면 픽픽 쓰러졌거든요. 저희가 청심환이나 카페인 첨가된 드링크제 섞어서 그분들 먹이면 기운을 좀 차렸어요. 그렇게라도 응급처치를 했어요. 저희는 봉사하는 사람들이 제대로 (일을) 할 수 있게끔 도와주자, 한 거죠.

처음에 서울시약사회에서 주관했는데 한 1주나 2주 걸리지 않을까 생각했어요. 그런데 하다 보니까 거반 두 달 가까이 한 거예요. 3, 4일간 매몰돼 있다가 구조된 생존자들, 또 사망자들, 많이 찾아냈으니까요. 비가 오니 맨홀에 119구조대원들이 미끄러지고, 다리도 찢기고 그랬어요. 심한 상처가 있는 사람들은 당연히 병원으로 가고, 조금 다친 사람들은 계속 일을 하겠다는 사람들이 많았어요. 119구조대원들도 가벼운 찰과상을 입으면, 저희 약국에서 일단 소독하고 드레싱한 뒤에 다시 구조 현장에 들어갔어요. 또 이것저것 상처를 치료하는 연고나 약을 저희가 제공했죠. 그런데 이 양반들이 너무 과로하니까 두통, 몸살이 나는 거예요. 구조 현장에서 유해가스도 올라오니까 눈도 피로하고 견디질 못했어요. 적십자분들도 그쪽 구급약을 드셨지만 저희가 따로 약을 챙겨드리기도 했어요. 저희는 생존자 내지 사망자를 구출하는 사람들을 측면에서 지원하는 역할을 한 거죠. 우리가 매몰된 사람들을 구조할 수는 없었고요.

그래도 봉사약국(서울시약사회와 서울중앙병원이 사고 현장에서 24시간 운영한 임시 약국)이 바로 눈앞에 항상 있으니까, 그 사람(구조 인력)들도 조금 마음이 편했죠, 당장 조금이라도 아프면 약을 먹을 수가 있으니까. 저희는 또 몸이 많이 안 좋은 분들에게 병원에 가시라고 조언도 드렸어요. 저희는 맨날 울면서 일했어요. 가슴이 먹먹해서 웃어보지도 못했고요. 왜냐하면 유가족분들이 언제 올지 모르고 분위기 자체가 격하게 돌아가니까. 상당히 경건한 마음으로 봉사했어요. 저희가 보통 화재나 이재罹災 봉사를 할 때면, 참혹한 상황이지만 저희끼리는 웃고 서로 다독거리면서 했거든요. 삼풍 현장에서는 그럴 여유도 없었어요.

서로가 서로를 모르는 구조 인력

○ 서울대학교병원 의사 왕순주 씨

병원장님한테 연락이 온 거예요. 그래서 '(삼풍백화점) 현장에

팀을 꾸려 한번 나가보는 게 좋겠다' 제 의견을 드렸어요. '그러면 준비를 해서 나가보라' 해서 저희 팀과 현장에 나갔죠. 참사 다음 날이었어요.

참사 당일에 대부분의 급성환자들이 다 병원으로 이송된 상황이어서 저희가 도착했을 때 환자들은 안 보였어요. 첫날 대부분 바로 옆에 있는 강남성모병원으로 이송된 거죠. 그쪽 마당에 환자가 1,500명 가까이 있었다고 해요. 잘못된 건데 환자 자리만 옮겨놨지 똑같은 재난 상황의 연속이었어요. 일단 구조 시스템이 그래도 좀 갖춰져 있을 거라고 생각해 저희가 온 걸 알리고, 등록하려고 책임자를 찾았는데 없었어요. 소방관분들께 알리긴 알렸죠. '서울대학병원에서 의료진이 왔다' 하고요. 서울시나 행정기관들이 나와 있었거든요. 그쪽에도 알렸어요. 그런데 다들 알긴 아는데 저희를 전혀 찾지 않는 거예요. 저희가 환자를 찾아다닐 수는 없잖아요. 어디 있는지도 모르고. 활동한 게 없어요. 그게 바로 그 당시의 문제였어요. 국립의료원 팀도 첫날 갔는데 특별히 활동한 게 없었어요. 왜냐하면 지휘 체계가 없어요. 요즘 같지 않았어요.

여러 조직에서 나온 사람들이 있긴 있었어요. 소방도 있었고, 민간구조단도 있고, 경찰도 있고, 군(軍)도 있고. 그런데 서로가 서로를 몰라요. 이곳을 통합·지휘하는 사람이 누군지 몰라요. 그러니까 의료진이 와도 의료진을 불러야 한다는 생각 자체를 못 했어요.

매몰자의 삐삐를 울려라

○ 한국이동통신 직원 신왈현 씨

처음에는 보이는 분들을 주로 (구조)했지만, 시간이 갈수록 매몰된 실종자들만 남았어요. 그래서 그분들 찾는 방법을 생각하다가 삐삐 얘기가 나온 거예요. '삐삐를 계속 울려주면 되겠다. 실종자들도 몸에 부착하고 있는 거니까' 삐삐 소리로 매몰자 위치를 확인할 수 있도록 하는 거였죠. (한국이동통신이 운영한 '실종자삐삐신고센터')

사람의 신음 소리를 식별할 수 있는 음파탐지기도 독일에서 오긴 했어요. 하지만 삐삐를 울려주면 훨씬 찾기 쉬워지는 거죠. 그래서 실종자 삐삐 번호를 접수 받았어요. 우리 용어로 '테스트콜'이라고 하는데, 1분 단위로 삐삐를 계속 울리게 하는 그런 시스템이 있거든요. 그거를 해드렸어요. 소리로 매몰된 실종자를 찾아가는데 삐삐만 덩그러니 있는 경우도 있어서 정말 안타까웠어요. 삐삐 소리로 매몰자가 구조될 때면, 저희는 사무실에서 환호성도 지르고 그랬어요. 저희들 스스로 감탄해서요. 저희 하는 일이 사실 통신지원이라고만 생각했는데 '인명도 직접 구조했구나' 싶어 참 뿌듯했어요.

당시 음성사서함이라고 있었어요. 아마 기억나실 거예요. 발신자가 특정 번호로 전화해서 녹음한 음성메시지 파일을 수신자가 청취할 수 있게 해놓은 게 음성사서함이거든요. 그때 그게 한참 유행이었습니다. 불시에 변을 당해 들을 수 없게 된 (희생된) 가족들 목소리가 그립잖아요. 그때 유일하게 남아 있는 목소리가 음성사서함일 수도 있는 거죠. 유가족분들은 그걸 계속 청취하곤 했어요. 그때만 해도 시스템 용량이 작으니까 한 15일 정도 다른 녹음이 쌓이면 그전 메시지가 지워지는 거예요. 갑자기 (죽은 가족의 목소리가) 안 나오니까 항의가 들어오기도 했어요.

그 파일이 안 지워지도록 사전에 '이 파일은 지우지 마라' 요청하셨으면 계속 들을 수 있었어요. 그런데 나중에 한 유가족 아버님이 말씀하시더라고요. '그 녹음 파일로 (희생된 가족이) 더 오래 기억될 수 있었겠지만, 그게 지워져 더 빨리 잊을 수 있겠다.' 참 안타까웠어요.

자원봉사자들의 불신

○ 자원봉사자 최세진 씨

그때만 해도 PC통신이 활발한 시절이었어요. 하이텔 이용자들은 하이텔밖에 못 들어가죠. 말하자면 나우누리에는 못 들어가요. 나우누리 이용하려면 나우누리 이용료를 내야 했어요. 하이텔 이용자들 중심으로 진행되는 상황은 나우누리나 천리안 이용자들은 몰랐을 수도 있어요. 몇몇 동아리들이 움직였지만 그런 상황이었어요. 거기다가 당시 휴대 전화도 없었고 참사 현장을 연결할 수 있는 방법은 매우 제한돼 있던 때죠. 언론에서도 구체적인 상황이 잘 안 나오고 있었어요. 이런 상황에서 자기가 직접 본 참사 상황을 PC통신에 올리는 분들이 있었죠. 대부분 20대들이었는데 정리되지 않은 매우 거친 글이었어요. 그래도 신문들보다 훨씬 더 생생하고 사실적인 내용들이 많았죠.

저희가 알기로는 병원들 간의 연계도 거의 안 돼 있었거든요. '사망자가 몇 명 발견됐다' 그 다음 '신고가 몇 명 들어왔다' 하는 통계도 없었어요. 자원봉사자들이 다 취합했죠. 오히려 공무원들이 저희(자원봉사자)한테 진행 상황을 묻기도 하면서 통계 숫자가 계속 바뀌었어요. 나중에는 자원봉사자들끼리 '이걸 우리가 왜 해야 하는 거냐' 얘기들이 있었어요. 공무원 자신들이 취합한 정보를 시민들한테 알려주는 거면 몰라도, 우리가 이런 식으로 이용당해서는 안 된다' 하는 문제의식이었어요. 자원봉사단들끼리 '공무원들에게 아예 어떤 정보도 주지 말라' 이런 규칙이 정해질 정도였어요. 실제로 자원봉사자들 몇 명이 구속된 적도 있었어요. 공무원들에게 항의하다 구속되거나, 구조 현장에서 일하다 본 것을 글을 써서 배포하다가 바로 구속되는 거죠. 그 글은 자기는 목격했지만 언론이 다루지 않는 상황을 답답한 마음에 몇 장 끄적인 거였어요.

또… 현장의 악취가 너무 심했었죠. 시신 썩는 냄새를 그때 처음 맡아봤는데 아주 심했어요. 사람들이 자원봉사를 한번 가면 몇 시간 일하고 가는 게 아니라 거기서 거의 먹고 자는 상태가 돼요. 내가 여기를 떠나면 이 일을 대신해줄 사람이 없는 거예요. 현장 소

　　　　　　　　　1995년 서울, 삼풍

식을 희생자 가족들에게 연결해주고. 희생자 가족들도 자원봉사자들한테 의지하는, 그런 상황이었기 때문에 일종의 의무감도 있었어요. 일이 워낙 급박하게 돌아갔기 때문에 그 자리를 며칠이고 떠나지 못하는 사람들이 되게 많았어요. 한번은 시신 발굴에 참여했던 자원봉사자분이 너무 피곤해서 굴러다니는 소주를 먹었는데 절도죄로 바로 구속된 적도 있었어요. 그 소식이 자원봉사자들한테 퍼지면서 '앞으로 우리는 우리하고 희생자 가족들만 챙긴다' 이런 분위기도 생겨났었죠.

삼풍 직원들의 자원활동
○ 삼풍백화점 직원 유승주 씨

'삼풍백화점 임원들과 직원들은 건물이 붕괴될 것을 미리 알아 도망갔고 애매한 고객들만 다 죽었다' 아마 많이 들으셨을 거예요. 사실은 전혀 아니거든요. 진짜 우리 직원들도 그렇게 사고가 나리라고 참사 당일까지도 몰랐었다니까요. 모르겠어요, 임원 되시는 분들, 그분들은 알고 있었는지 모르지만 우리 직원들은 전혀 몰랐어요. 그날도 아침부터 임원들이 사장실에서 회의를 했어요. 전무님, 사장님, 회장님까지 오셔서 무슨 회의를 하는데 저희는 나중에 매스컴을 통해 알았죠. '영업을 해야 하나, 말아야 하나' 이걸 논의하는 회의인 줄은 몰랐어요. '갑자기 무슨 일인데 회의를 이렇게 오

1995년 서울, 삼풍

랫동안 하지' 그냥 의아했죠. 아주 오랫동안, 아침부터 점심때도 넘기면서까지 했거든요, 그날.

사망자가 502명 나왔는데 우리 매장 직원들도 어마어마하게 많이 죽었어요. 몇백 명이 죽었어요. 그러니깐 이게 너무나 억울한 거라. 서울교대 쪽에 조금 큰 야적장이 하나 있었어요. 삼풍 소유의 부지였는데 나중에 대형슈퍼마켓이 들어설 곳이었어요. 살아 있는 삼풍 직원들이 서로 연락해 거기 다 모였어요. 모여서 '우리가 할 일이 뭐가 있을까' 이야기했어요. 저희는 그때 살아 있는 것도 참 미안할 정도였어요. 죽은 동료들을 애도하며 '구조 현장에서 봉사 활동을 하자' 결의했죠. 그래서 오전·오후 조를 나눠 119대원들과 구조 현장에 들어갔습니다.

저희는 시신 부패가 심하거나 유니폼이 불에 타 있어도 딱 보면 알거든요. '아, 저거 우리 직원이다, 아니다' 식으로요. 유니폼 색깔도 잘 아니까요. 그래서 저희 살아남은 직원들과 119대원들이 같이 현장 로테이션을 했어요. 부서마다 스케줄을 잡아 구조 지원 일을 한 거죠. 며칠 지나고 또 여름이었으니까 소독약을 아무리 쳐도 시신 부패가 빨랐어요. 시신을 찾아도 남자인지 여자인지 구분이 안 되는 거예요. 불에 탄 사람도 있었고요. 그래서 브래지어를 차고 있으면 여자, 없으면 남자, 일단 그렇게 성별을 구분했어요. 저희가 시신을 발견하면 그 자리에서 손을 들었어요. 그러면 119대원이 와서 돌더미를 들춰내고 시신을 끄집어내는 식으로 일이 진행됐죠.

장사를 접고 구조 현장으로 간 어머니

○ 자원봉사자 신영주 씨, 이명주 씨

어머님 말씀으로는 '쿵' 소리와 함께 먼지가 엄청 났다고 해요. 어머니가 직접 사고 현장에 가보셨는데 그때 구조대원들 식사라고 준비된 걸 보셨나 봐요. 급하게 준비된 김밥을 보시고 '아니 이렇게 힘든 일을 하시는데 안타깝다' 해서 바로 가게 문 닫고, 가게 음식을 그쪽으로 보내기로 결심하셨어요. 구조대원과 희생자 가족분들에게 '따뜻한 식사를 제공하자' 하는 마음에 어머니가 '다같이 움직이자' 하셨어요. 저희가 삼 남매거든요. 남동생 둘 하고, 저까지 삼 남매. 거기에 올케들하고 가게 직원들까지 모여 봉사했었지요.

큰 솥에 끓인 국, 대야에 지은 밥을 고기 업체 사장님에게 차를 빌려 거기에 다 실어 날랐어요. 끼니때마다, 하루에 수시로 끓여지는 대로 퍼서 나르고, 퍼서 나르고, 계속했죠. 저희가 설렁탕을 48시간을 고아야 제 국물이 나와요. 그 당일 날부터 그다음, 다음 날 것까지 어머니가 미리 계산해서 계속 끓여댔어요. 새벽같이 나와서 일을 했죠. 서초동 가게뿐만 아니라 영동, 을지로 가게들까지 국물을 맞추게끔 각 지점 주방장들까지 총동원했어요.

어머니는 '어떻게 도와줘야 할까, 내가 도와줄 수 있는 건 이 따뜻한 국 한 그릇이다, 이걸 들고 가자' 하는 마음 하나였어요. 앞뒤 재지 말고 그냥 현장 사람들 위로해주자, 이런 거였죠. 진짜 밥

때도 잊고 일하는 분, 밥때도 잊고 가족을 기다리는 분들, 그런 분들에게 밥 한 그릇 드리고 싶다, 그렇게 말씀하시는데 저희들이 안 움직일 수가 없잖아요. 저희들도 힘을 보탰죠.

소방호스로 씻어낸 시신 냄새

○ 자원봉사자 김춘자 씨

환경미화원분들이 마지막, 지하실 정리할 때 엄청 고생하셨어요. 지하에 들어갈 때 옷을요, 완전히 다 비닐로 감고 들어갔어요. 들어갈 때는 그런 냄새가 나는 줄 몰랐죠.

당시 삼풍백화점 주변에 집이 많이 없었어요. 공지空地가 많고 거기 언덕배기라 바람도 불어 몰랐는데 저녁에 밥을 먹으려고 사람들이 하나둘 나오니까, 온 사방에서 송장 썩는 냄새가 나는 거예요. 악취가 진동해서 코를 들고 다닐 수가 없어요. 자원봉사 아줌마들이 안 되겠다 싶은지 회장에게 대책을 물었죠. 현장 사람들도 날이 덥고 밥 먹는 텐트 밑이 찜통처럼 더우니까 그늘진 곳을 찾아가 먹는 상황이었어요. 그래서 회장이 '안 되겠다, 내 따라와라' 하고 소나무 밑으로 식탁을 옮겼어요. 저희는 그곳까지 밥을 갖다 날랐죠.

주차장 있던 자리는 시멘트로 포장돼 있어 일종의 샤워장 구실을 했어요. 한 8, 9명이 소방호스를 들고 구조 현장에서 금방 나온 사람들을 씻기는 거예요. 그렇게 씻기면은 냄새가 좀 덜 났어요. 그분들은 '아, 우리한테 냄새가 나서 이렇게 소방호스 세례를 하는구나' 나중에 알죠. 그러고 나서 자리 깔아 밥을 드렸죠. 그렇게 안 하면 주변 사람들이 냄새나 죽는다고 난리예요. 그래서 소방차가 몇 대씩 주차장에 사람 세워놓고 물을 뿌려댔어요.

붕괴 현장 지하에 들어가니 고기 장사, 생선 장사, 채소 장사 등 모든 먹는 장사가 다 있다는 거예요. 얼추 한 달이 되니까 썩어져서 악취가 코를 찌를 것 아닙니까. 이분들이 그걸 치우다가 냄새가 몸에 확 배고, 밖에 나와 토하는 거죠. 우리 옆에 있는 사람들도 막 구역질을 했는데 옷에다가 소방호스를 뿌리고 나면 냄새가 좀 가셨어요. 청소원분들이 고생을 많이 했어요.

실종자 가족을 돕는다는 것

○ 기독교윤리실천운동 사무국장 유해신 씨

식사 제공은 일단… 사실 거기 있는 분들이 너무 지쳐 있고, 또 분노로 가득 차 있었기 때문에 언제든지 먹을 수 있는, 간식이 더 중요했어요. 간식도 처음에는 음료수 정도였지만 한두 달 같은 메뉴만 먹어 힘드니까 점점 더 고급화됐다고 할까요. 지금 기억하기로 캔에 든 식혜가 인기였어요.

실종자 가족을 위해 매일 한 3,000명에서 900명분을 제공했어요. 7월 4일에서 19일까지 매일 3,000끼였고, 7월 20일부터 8월

10일까지는 매일 900끼를 제공했죠. 구조대원들을 위해 하루에 한 800명분 내지 700명분의 식사를 제공했습니다. 초기에는 800명분, 뒤로 갈수록 700명분으로 좀 줄었죠.

또 실종자 가족에게 필요한 모든 일을 한다는 각오로 자원봉사에 임했어요. 생필품, 세면도구, 속옷, 그리고 간식도 제공하면서 그 밖에 모든 심부름을 도맡았죠. 저희 단체에 대학생 봉사자들이 꽤 많았고 연락도 잘됐기 때문에 뭐든지 다 했어요.

실종자가족위원회의 사무처 기능도 저희가 하기 시작했어요. 왜냐하면 이분들이 이런 조직적인 경험이 없고, 분노에 차 있었거든요. 옆에서 그분들 마음을 다독거려주고 좀 더 합리적으로 행동할 수 있게 독려해드렸어요. 또 그분들한테 욕먹어주는 것도 저희가 할 일이었던 거 같아요. 화났을 때 좀 들어주는 것, 그게 중요해요. 누군가가 좀 분노, 화풀이 대상이 돼줘야 했어요. 또 무조건 나가서 목소리 높이고 '피켓 들면 된다' 이런 분도 계셨거든요. 평소 정서적으로 아주 안정된 분조차 시종 흥분한 상태였어요. 효과적으로 자기 의사를 전달하지 못하게 되는 거죠. 곁에서 '어떻게 조직을 구성하고 의견을 표해야 할지' 그런 자문을 드렸어요. 특히 실종자가족위원회와 회장 곁에 밀착해서 상황 이야기를 듣고 문서 작성 같은 행정 지원 일, 그리고 언론홍보도 도왔습니다.

제 2 의 현장, 병원

순식간에, 수백 명

○ 강남성모병원 원장 김인철 씨

저녁 6시쯤 됐을 거예요. 제가 회의가 있어 강남 쪽으로 가는 데 갑자기 연락이 왔어요. 그래서 돌아왔죠. 6시 되기 한 4, 5분 전에 사고가 났잖아요. 병원으로 돌아오는 길에서 보니, 사고 현장 근처가 전부 연기로 자욱하더라고요. 폭삭 주저앉으면서 연기가 났구나, 큰 사고로구나, 감이 왔어요.

저희 병원이 사고 현장과 가까우니까 순식간에 뭐 수백 명이 몰려왔어요. 문제는 피도 흘리고 다쳤지만 걸을 수 있는 정도의 경

환자들이 응급실을 아주 완전히 점령해버린 거예요. 긴급 재해가 발생했을 때에는 트리아제triage(응급환자 분류 체계)가 급선무예요. 중증 환자를 분류해서 어디로 보내고 입원시키느냐 이런 것들을 해야 하거든요. 그 트리아제 시스템이 잘돼 있어야 해요. 트리아제에 따라서 효율적으로 대처할 수 있는 거죠.

그런데 환자뿐만 아니라 가족들도 있잖아요, 다치지 않은 분들까지 넘치니까 병원이 난리가 난 거죠. 그분들이 응급실을 다 차지하니까 진료고 뭐고 기능이 마비될 정도였어요. 중증 환자, 입원이 꼭 필요한 사람이 병원에 있어야 하는데 그게 안 됐죠. 제일 먼저 오신 환자분들은 자기 발로, 혹은 가족들이 데리고 오셨어요. 진짜 응급처치가 필요한 분들은 못 오고… 이게 아주 질서가 없었어요. 그래서 제일 중요한 트리아제를 위해 저희가 구급진료팀을 구성해 현장에 파견했죠. 저희 진료 부원장을 책임자로 해서 성모병원 수녀님들, 간호사들이 가서 텐트를 쳤죠. 그때만 해도요, 지금같이 휴대 전화가 없고 공중전화 박스가 있었어요. 저희는 제일 먼저 식수대나 공중전화 박스를 확보하려 했어요.

두 번째로는 홍보였죠. 환자들이 어디 있는지 모르잖아요. 정확하게 기록해서 알려줘야 했어요. 가족 찾느라 여기저기 떼 지어서 몰려다녔거든요. 그 질서를 잡아주는 시스템이 중요한 거예요. 그 다음에는 일정한 시간마다 브리핑을 했어요. 어떤 사람 몇 명이 어느 병원으로 갔다, 하는 정보공유요.

총알택시가 된 버스

○ 강남성모병원 간호사 조윤미 씨

후배 간호사가 울면서 전화했어요. '여기 지금 난리 났는데, 도대체 무슨 일인지 모르겠다, 전쟁 난 것 같다' 무슨 일인지 말도 못하고 '텔레비전 켜보라' 그러는 거예요. 텔레비전을 켰더니 세상에 삼풍이 무너진 거예요. 그길로 평상복 입은 채 뛰쳐나가서 버스를 탔어요. 기사분께 "제가 강남성모병원 응급실 간호산데, 삼풍이 무너져서 지금 응급실을 가야 한다" 그랬어요. 승객이 한 7, 8명 있었는데 기사분께서 저기 다들 급한 용무가 아니라면, 이분을 빨리 강남성모병원에 데려다줘도 되겠냐, 괜찮으시겠냐, 양해를 구하니까 사람들이 다 "괜찮아요" 한 거죠. 분당에서 강남성모병원까지 그 버스가 논스톱으로 갔어요. "고맙다" 인사드리고 (병원으로) 막 들어왔더니 난리, 난리도 그런 난리가 없죠.

초반 30분 사이 환자가 1,000명 정도 밀려 들어왔어요. 모두 잿더미 같은 걸 뒤집어쓴 채 상황 설명을 못 하는 거예요. 비명을 지르면서 마구 밀려 들어오니까 어떻게 손을 쓸 수가 없는 거예요. 간호사들도 전부 전쟁이 났나, 이게 도대체 무슨 일인가, 정신없었어요. 경미하게 살갗이 찢긴 환자들이야 순서를 기다리면 그만이지만, 중증 환자들은 빨리 처치하지 않으면 바로 사망에 이르죠. 환자를 받는 체계가 갖춰지지 않은 상태였어요.

초반에 얼마나 많은 전화가 쏟아졌겠어요, 도저히 일을 할 수가 없는 거예요. 온 전화기가 난리인데 안 받을 수도 없었어요. 긴급한 걸 수도 있으니까요. 한쪽에서는 전화, 한쪽에서는 사람 살리는 일을 동시에 하니 제대로 될 리가 없죠. 초반에 막 밀려온 사람들 중에 누가 기자고, 누가 환자인지 알 수도 없게 뒤섞여버렸어요. 제멋대로 뭔가를 적어가고, 초반에 하나도 통제가 안 된 거예요. 1시간쯤 지나 '방송, 전화를 통제해라. 응급실 밖에서 전화를 받아줘야 여기서 일을 한다' 이런 조치가 실행됐어요. 정신을 좀 차릴 수 있게 됐죠. 그 다음 청원경찰이나 경찰이 응급실 문 앞에 서서 오고 나가는 사람들이 어떻게 들어오고 나가는지 체크하는 두 번째 조치도 시행됐죠.

세 번째로 환자가 저희 병원으로만 몰리지 않게 분산하는 조치가 취해졌어요. 근처 병원들과 쫙 연락해서 현장의 앰뷸런스 판단 하에 중증 환자는 가까운 저희 병원으로, 1시간이든 30분이든 이동해도 괜찮겠다, 하는 환자들은 다른 병원으로 보내졌어요. 사건 발생 후 1시간에서 2시간쯤 지난 다음에야 이 정도 정리가 된 거죠. 사고 당일 저녁 7, 8시쯤부터 저희 병원에는 중증 환자들만 들어오게 됐어요.

시간이 조금 더 지나니까 시신들이 들어오기 시작했는데, 신원을 파악할 수가 없잖아요. 보통 시신이 오면 간호사 하나, 의사 하나가 붙어 몸 전체를 다 뒤져 신분증을 찾은 뒤, 원무과나 행정직원들한테 알리고 경찰에 연락하는 과정을 거치거든요. 그런데 시신들이 물밀듯이 들어오는 데다 신분증이 없는 경우도 허다했어요. 그럼 일단 응급실에서 남자는 무명남, 여자는 무명녀, 이렇게 정리해요. 무명남1, 무명녀1 이런 식으로 원, 투, 쓰리, 포, 쭉 넘버링해서 각각의 상태를 기록하고, 나중에 신분이 밝혀지면 '무명남 원은 이름이 뭐' 이렇게 정리하는 거죠.

그런데 동시에 들어오는 시신을 이쪽 간호사도 받고, 저쪽 간호사도 받으니까 인제 '무명남' 기호만으로는 시신 목록이 정리되지 않는 거예요. 그래서 어떻게 했냐 하면, 간호사들이 각자 받은 시신을 각자 이름으로 넘버링하기 시작했어요. 제가 조윤미잖아요? '조윤미1', '조윤미2', '조윤미3' 이렇게요. 그런데 이게 뉴스에 잘못 보도된 거죠. '사망자 조윤미 간호사', '사망자 나봉혜 간호사' 이렇게 사망자 명단으로 발표돼버렸대요. 병원 간호사들이 열 몇 명이 죽은 것처럼요. 간호사들이 긴급 구호 팀으로 참사 현장에 갔다가 죽었다고 생각할 수도 있잖아요. 간호사 가족들이 놀래서 병원에 쫓아왔어요. 와서 보니 멀쩡히 일하고 있는 거죠. '네 이름이 사망자 명단에 떴는데 어떻게 된 거냐?' 하고 묻고….

병원 주변에 사고 희생자 가족들 300명 정도가 텐트 진을 치고 있었어요. 시신이 들어올 때마다 그분들이 응급실 문 앞으로 몰려와요. 저희에게 목이 터져라 물어보는 거죠. "(들어온 시신이) 누구입니까" 아우성치고. 저희가 브리핑을 해주지 않으면 진정이 안 됐어요. 환자들 치료하고 있는 응급실에 들어오려고 소리 지르고, 문흔들고…. 경찰들이 쭉 서서 지키고 있지만 흥분한 가족들을 감당 못 하죠. 이걸 보고 저희가 앞에 나선 겁니다. '이번에 들어온 시신

은 여잡니다, 남잡니다, 상태가 어떻습니다', 이런 정보를 주고 달래
주니 희생자 가족들이 자기 텐트로 돌아갔어요. 그런데 사실 시신
에 대해 할 말이 없는 거죠. 성별밖에 모르겠고, 다 뭉개져 어떻게
생겼는지도 알아볼 수가 없고 키가 얼만지도 모르겠고. 희생자 가
족들에게 브리핑을 하는 저는 너무너무 말하기가 힘든 거예요.

"머리는 길어요, 짧아요?" 여기저기서 물어봐요, "키는 얼마예
요? 어떻게 생겼어요?" 얼굴을 보여달라는 둥 난리가 나는 겁니다.
'얼굴을 알아볼 수가 없는 상태입니다. 여자분인 것 같습니다. 옷도
다 새 옷을 입고 있습니다' 얘기해주고 '이제 DNA검사해서 나중에
확인해드리겠습니다' 이렇게 달래면서 얘기를 해야, 포기하고 다시
텐트로 돌아가지 안 그럼 문을 붙잡고 떠나질 않았어요. 그런 걸 계
속했죠. 제가 자다가 뛰쳐나와 열흘 만에 집에 돌아갔어요. 어느 정
도 정리될 때까지 응급실에서 먹고 자고 했거든요.

좀비처럼 쓰러지는 환자들

○ 강남성모병원 간호사 박현숙 씨

흑백 화면에 어느 한 색깔만 유난히 부각된 TV광고 있잖아요?
그런 것처럼 제가 응급실 입구를 향해 뛰어가는데 전부 회색에 중
간중간만 빨간 사람들이 좀비처럼 비척비척 들어오는 거예요. 처음
에는 천천히 터벅터벅 걷다가 그걸 보고 뛰었어요.

'대체 저게 뭐지' 생각에 뛰어가는데, 그렇게 들어온 사람들이 응급실 문 앞에 툭툭툭 쓰러져 주저앉는 거예요. 처음에는 두세 사람, 그리고 뭐 일고여덟 사람, 그 다음에는 와~ 들어오기 시작하는 거죠. 진짜 영화, 흑백인데 머리, 팔, 다리, 어깨에 피 흘리고 절뚝이며 들어오는 그 광경부터 시작되는 거예요. 처음에는 '대규모 사고가 났구나' 생각했어요. 저는 그때 삼풍 사고가 났는지도 몰랐거든요. 어떻게든 해야 하니까 의료진을 다 부르고 저희 응급처치실에 있는 드레싱카트dressing cart로 일단 지혈했죠. 저희가 소독제품을 잡을 때 지켜야 하는 규칙이 있어요. 소독된 포셉forceps(날이 없는 가위 모양의 의료용 집게)으로 잡아서 준다, 이런 거요. 그런데 룰을 지킬 상황이 안 돼 손으로 막 꺼내서 대주고, '일단 누르고 계셔라' 했죠.

그 다음에는 막 롱카long car(구급차에 들어가는 환자 운송용 이동 침대)로 마구마구 들어오는 거예요. 상상하실 수가 없을 거예요. '이걸 어떻게 해야 하나' 완전히 패닉이 됐어요. 저희는 간호부의 명령 체계를 받고 또 지휘 체계가 있어 일단 이브닝(밤 근무 조) 간호감독님을 불렀어요. 조금 있자 응급의학과도 삼풍 사고로 환자가 몰린다는 것을 알게 됐고, '병동은 몇 사람만 남기고 다 응급실로 지원 가라' 하는 병원 방송도 나왔어요. 그랬더니 더, 더 난리가 난 거예요. 응급실에 환자도 많지, 119대원도 많지, 다른 병동 의료진도 모두 내려왔지, 다들 송곳처럼 서 있었어요. 사람들이 너무너무 많이. 처음에 들어오신 환자분들은 사이드로 물러나기 시작했어요. 진짜 위중한 환자들도 많이 계셨거든요. 그분들이 다 없어졌는데 어디 갔는지 모르겠더라고요. 나중에 추적을 못 했어요. 아마 다른 병원으로 가신 것 같아요. 아마 누군가는 정리를 했겠지만, 저는 오는 환자들을 다 받아야 하는 입장에서 그분들을 챙길 여력이 없었어요.

지금 같으면 저희도 재난 사고 환자들을 A, B, C, D군, 지금 치료하면 살 것 같은 사람, 중증도 이런 것을 다 분류하거든요. 그때도 물론 알고 있었지만 그걸 적용해야겠다, 이런 생각조차도 나질 않았죠. 시니어들이 오고 나서야 그 분류 체계가 생각났고, 그때부터 실려 들어온 환자 가슴팍에 접수 받은 사람과 환자 상황을 기록하게 됐죠. 원래 환자가 오면 우리가 어떤 환자를 받았는지 파악해야 하기 때문에 이력을 남기고 센서스census라는 걸 기록해야 했어요. 지금은 전산 시스템이지만 그때는 수기로 다 적었거든요. 그걸 적을 새가 없어 '대량재해로 인하여 작성이 불가함' 이런 식으로 센서스를 대충 마무리했던 것 같아요. 정말 그때는 병동에 남은 물품들, 소독물품들도 다 동이 나고 약도 약재부에서 그냥 갖고 왔어요. 물량 계산도 전혀 없이 가지고 있는 재고들, 물품들 전부 다 털어서 치료했는데 어느 순간 보니 모자랐죠.

혼돈의 30분

○ 강남성모병원 응급과장 김세경 씨

'삼풍이 무너져 환자 몰려오니까 빨리 올라오쇼' 그러더라고요. 올라갔더니 우리 과장하고, 교수 3명, 전문의 6명, 인턴 2명, 의대생 4명, 간호사 6명, 보조간호사 3명 모두 25명으로 응급처치반을 만든 거죠. 트리아제는 환자를 죽은 사람, 아주 초 긴급 응급환자, 그 다음에 응급환자, 비 응급환자 이렇게 나눠요. 호흡이 없거나 혈색이 없거나 쇼크 상태인 경우 심폐소생술 해야 하죠. 기관지 삽관하면 상처 닦아주고, 붕대로 묶어주고… 그런 스테이션station을 4개 만들었어요. 몇몇 의료진은 현장으로 갔어요. 저희 응급처치반은 인원이 적으니까 응급실의 이기중 선생님 1명과 그 밖에 의사 2명, 간호사 4명만 현장에 급파됐죠.

처음 환자들은 주변 사람들이 택시나 자기 차로 병원에 데려다주는 식으로 왔어요. 튕겨져 나오고, 기어 나온 분들이죠. 시간이 좀 지나 119구조대 등 각 병원 앰뷸런스가 몰려와 혼잡해졌죠. 이때 현장에 계셨던 분들이 웬만한 부상자를 트리아제해서 병원으로 옮겼다지만 그래도 무질서했어요. 초기 30~40분 동안은요.

환자를 분산시키는 작전

○ 강남성모병원 의사 박규남 씨

다행스러운 게 저희는 응급의학과 의사잖아요. 응급의학 전공이 응급 상황, 대량재해가 발생하거나 무슨 교통 외상환자, 심장 질환 환자, 급성 심근경색, 뇌졸중, 시간 민감성 질환을 다뤄요. 재해 발생 시 중증도 분류나 그 환자들을 어떤 식으로 할 것인지 공부를 많이 했었죠. 학계 차원에서도 대량재해 훈련을 경험했기 때문에 그 개념이 있었죠.

강남성모병원이 꽤 유명한 병원이었어요. 1995년 당시는 음주운전도 잘 단속되지 않고, 음주문화가 한창 발달해서 교통사고 환자가 많았어요. 지금은 외상환자가 많이 감소했지만 그때는 사망률 1위가 거의 교통사고였죠. 심근경색, 뇌졸중도 많았어요. 이런 응급환자가 많았던 시절인 데다가 서울 강남지역에는 병원도 별로 없어 강남성모병원 응급실이 늘 미어터졌죠. 사고가 나기 전에도 항상 붐비는 응급실이었어요.

응급실에 환자들이 몰리는 걸 보고 '아, 이거 빨리 분산시켜야 한다' 싶었죠. 일단 복도 쪽과 응급병동으로요. 응급병동은 당시 김세경 교수님이 우리나라에서 처음으로 만든 건데 응급실 바로 위에 병동이 하나 있는 거예요. 그쪽으로 환자분들을 좀 뺐고 회의실 같은 곳에도 연락해서 뺐어요. '이 환자는 집에 가는 게 더 좋을 거 같다' 싶으면 또 뺐죠. 그 다음 '다른 병원으로 보낼 수 있는 사람들도 빨리 보내자' 해서 성모병원 응급실을 비워놓는 쪽으로 가닥을 잡았어요. 제가 누군가에게 지시했어요. '너는 여기 환자 분산시키는 일만 해' 하고. 다른 한 선생은 중증도 분류를 도맡았는데 응급실 내에 있는 수술 방으로 사망자를 다 옮겼어요. 중환자 치료 구역도 따로 뒀죠. 중환자, 긴급으로 분류된 사람을 그쪽으로 뺐어요. 2시간 내지 3시간에 걸쳐 이런 조치가 취해졌어요.

그런데 문제는 후송 체계였어요. 현장의 모든 환자가 우리 병원으로 몰려온 거예요. 보통은 '재해가 발생했다' 그러면, 그 앞에 현장 진료소를 설치하고, 거기서 (트리아제) 분류를 하고, 각 병원 응급실 정보망을 통해 환자수용 가능성, 수술 가능성 여부를 확인한 다음, 환자를 이송해야 생존율이 가장 높아지거든요. 그런데 이게 없었잖아요. 현장 진료소라는 개념 자체가 없었고, 폴리스라인 자체도 없었던 거예요. 우리나라에 총체적인 문제였죠. 폴리스라인도 설치하지 않고, 현장 진료소도 없고, 컨트롤타워도 없었어요. 119나 병원 앰뷸런스, 사설 앰뷸런스가 환자 1명이 구출되면 아비규환이 돼서 서로 이송하려고 했죠. 삼성병원, 아산병원 등 다른 병원들이 급파한 앰뷸런스도 있었거든요. 그 상황에서 웬만한 환자들이 대부분 다 저희 강남성모병원으로 온 거예요. 환자 수용 가능성 여부도 모른 채.

그러다 보니, 병원 도착해서 차들이 또 엉켜요. 차들도 엄청난데 또 보호자들이 오기 시작하고 언론계 사람들도 오면서 아수라장 상황이 연출됐죠. 그래서 안 되겠다, 재빠르게 부원장 중심으로 대책위원회를 조직했어요. 경환자분들 퇴원 유도도 하고, 외과수술 외래진료 등 웬만한 것들 축소했죠. 체계가 자리 잡으면서 그다음 날부터 상황이 거의 정리됐어요.

두 딸을 찾으러 온 바바리코트 신사
○ 강남성모병원 간호사 정윤희 씨

제가 밤 10시부터 이브닝근무를 시작하는데, 그 전이 가장 바빴던 것 같아요. 오히려 이브닝 시작하고 나서부터는 환자가 거의 들어오지 않았어요, 들어온 분들은 다 돌아가신 분들 디오에이DOA. dead on arrival(도착 시 이미 사망이라는 뜻의 의료용어)라고 불러요. 그런 분들이었어요. 바로 영안실로 가신 분들도 많았고요. 응급실 옆에 재활의학과, 물리치료 하는 공간이 있었는데 거기에 미처 이송되지 못한 환자나 영안실이 꽉 차서 못 들어간 시신 일부를 잠깐 모시기도 했죠. 하여간 복도, 1층 응급실 복도, 외부로 향하는 곳 전부 환자로 가득했었어요.

밤이 되니 환자 가족분들이 찾아오셨어요. 비가 왔던 걸로 기억해요. 가족을 찾으러 온 분들이 비에 홀딱 젖은 거예요. 부축받아 오는 분들도 계셨고, 엄마 찾으러 온 대학생, 결혼할 사람 찾아온 분… 희미한 기억들이지만 대부분 가족이나 사랑하는 연인을 찾으러 온 분들이었어요.

유난히 잊혀지지 않는 분은 중년의 신사분이 있어요. 한밤중에 바바리코트를 입고 오셨어요. 되게 기억에 남는 진한 베이지 빛. 그분이 비에 흠뻑 젖어 들어왔어요. 우산도 안 쓰셨더라고요. '우산을 어째 안 쓰고 오셨습니까' 여쭤봐도 말씀을 안 하세요. 가족을 찾는대요. 이름을 먼저 확인하시더라고요. '죄송하지만 찾으시는 이름을 가진 분이 안 계신다' 그랬더니 '나중에라도 보면 연락을 달라' 하시면서 품에서 사진을 꺼내시는 거예요. 가족사진이었어요. 그분 또래의 여자분과 따님 두 분이었어요.

'아우, 죄송합니다. 보면 연락드리겠다' 말했죠. 그날 정말 많은 분들이 와서 이름과 연락처를 남기고 가셨어요. 밤 12시 넘어가면서… 환자분들이 거의 안 오셨어요. 돌아가신 분들만 띄엄띄엄 오셨죠.

붕괴의
책임과 처벌

무너진 건물 속 증거들

○ 서초경찰서 강력반 형사 박명섭 씨

저희는 삼풍 사고 관계자들을 검거하기 이전에 이 사건이 어떻게 발생했는지, 사건 경위부터 파악해야 했어요. 강력팀별로 한 팀은 경비원, 또 한 팀은 사건 당일 삼풍백화점에서 근무했던 직원들 소재파악을 했죠. 그날 삼풍백화점 무너지기 직전에 임원들이 보수 공사 대책 회의를 했어요. 저희 팀은 그 대책회의 회의자료 압수 명령을 받고, 무너진 건물 안으로 들어갔어요.

회의실에 들어가 보니 회의실에 큰 칠판이 있고 칠판에 붕괴위험이 있는 기둥에 엑스(X)표시를 해놨어요. 몇 번 기둥 엑스(X)표시. 그 칠판을 증거물로 떼려 했는데 너무 커서 못 뗐어요. 그래서 저희가 카메라로 찍어 증거자료로 가지고 왔어요.

서초경찰서 강력팀에 6개 팀이 있는데, 저희 팀은 삼풍 이준 회장의 신병확보를 맡았어요. 이준 회장과 연락을 취하기 위해 주거지도 가봤는데 이미 붕괴 직후 도피해서 연락도 안 됐어요. 그래서 저희가 이준 회장 가족이랄지, 친척이랄지, 또 주변 지인들과 연락되는 장소를 전부 추적했는데도 찾지 못했습니다. 나중에 검찰 측에서 이준 회장의 가까운 지인을 통해 신병확보를 한 걸로 알고 있습니다.

골프채를 훔치던 사람들
○ 서초경찰서 순경 김근영 씨

오후 8시쯤 되니 좀 어두워졌는데 무너진 백화점 앞문 쪽에서 사람들이 골프채를 들고 나오더라고요. 가만히 보고 있었는데 어, 이상해요. 그래서 경비로 차출된 의경들 네댓 명 데리고 와서 다 잡았어요. 6명인가를 잡았어요. 붕괴 현장에서 골프채를 훔쳐 나오는 거였죠. 뭐 피해자 조서도 못 받은 상태에서 그 사람들 조서 받아 구속시켰어요. 이런 식으로 제가 구속시킨 것만 해도 17명인가 될 거예요.

수습하는 과정에서 별의별 일이 다 있어요. 자원봉사 하러 왔다고 하면서 팬티만 입고 구조하러 들어간 분들이 있었어요. 시체 썩는 냄새도 진동하고, 여름이니까 더워서 벗고 들어가는 줄 알았죠. 그런데 거기가 명품관이었어요. 옷을 몇 개씩 껴입고 나오는 거죠. 다 절도범들이었어요.

600구의 시신과 수사직원

○ 서초경찰서 강력반 반장 고병천 씨

현장은 너무 처참했어요. 북쪽 벽만 남아 있는데 건물이 옆으로 퍼지지 않고 위에서 아래로 그대로 가라앉아 있었죠. 구조대와 수사관들이 투입되어 끌어낸 사체를 주변에 친 텐트에 뉘어놓으면 119구조대가 하나씩 옮겼어요. 그 다음, 전부 지문을 떠서 본인 확인을 합니다. 그건 경찰관 몫이었어요. 저희 수사직원들이 시신 600여 구를 전부 직접 만져야 했어요. 조각난 시신, 팔 없는 시신, 이런 것들은 전부 국립과학수사연구소에 보냈죠. 살점 떼어다 DNA검사 해야 하거든요. 그 다음 슈퍼임포스superimpose라고 있습니다. 원래 사진과 해골의 사진을 겹쳐서 영상을 만드는 거죠. 그런 작업까지 해서 본인 확인을 한 다음 유족들한테 인계하는 그것이 제일 어려웠어요.

119구조대가 시신을 나르면 그 시신을 꺼내 내놓는 부분까지는 경찰과 같이 했어요. 그런데 시신을 일단 밖에 내놓고 나면 사체의 모양이 가슴 아플 정도로 좋지 않은 상태가 많았습니다. 또 금방 부패되죠. 한 이틀만 되면 부패가 돼버립니다. 악취가 얼마나 진동을 했는지…. 삼풍백화점 인근에는 수사관들이 책상까지 갖다 놓고 현장에서 일했어요. 처음에는 그 냄새를 참지 못해 역겨워하다가 나중에는 아무 냄새가 나지 않다고 느껴지는 거죠. 처음에는 그런 것들이 힘들었어요.

시신에 대한 어떤 예의를 지킬 수가 없는 상황도 안타까웠어요. 예를 들어 저희가 지금 사건 현장에 가면 최대한 예의를 지키면서 시신을 처리하는데, 그 당시에는 조각나서 나오는 시신이 대부분이었거든요. 너무나 많은 시신들이 그랬기 때문에 시신에 대한 예의를 충분히 갖추지 못했던 것들이 시간이 지나도, 늘 가슴이 아팠어요.

신원 확인은 국가의 일

○ 대검찰청 유전자분석실 변사체처리반 이승환 씨

우리나라에서 어떤 변사체를 발견했을 경우 그 검시 주체는 형사소송법상 검사로 돼 있습니다. 모든 사건·사고 현장에서 피해자, 희생자의 신원을 확인하고 시신을 유족에게 인도하는 모든 절차 권

한은 검사에게 주어져 있죠. 그래서 어떤 사건·사고든 검찰이 관여하게 돼 있습니다. 그때 당시에도 변사체처리반이라는 것을 구성해서 검찰 형사부가 관여한 걸로 알고 있습니다. 빨리 희생자들의 신원을 확인해 가족의 품으로 돌려주는 게 국가가 해야 할 일이죠. 여름이었고 비도 많이 왔었거든요. 희생자 시신 부패속도가 빨라지는데 신원확인 작업을 어느 한 기관에서만 하다 보면 속도가 늦어져, 국민들한테 원망을 들을 수 있었죠. 국가의 모든 역량을 다 동원해 유전자 감식을 할 수 있는 모든 기관이 일을 나눠 신원확인 작업을 마무리하는 것이 국민에 대한 도리다, 이렇게 뜻을 모았던 것 같습니다.

회의가 시작되기 전 일부 시신에 대해서 국립과학수사연구소에서 이미 유전자 감식을 일부 하고 있었던 것으로 기억합니다. 그런데 진척속도가 느려 4개 기관이 맡아서 하게 된 거죠. 그때 당시 부분 시신이 굉장히 많았습니다. 무너지면서 절단되고 그런 게 많았기 때문에 팔 하나만 남아 있는 경우도 있고, 또 발목만 남아 있는 경우, 머리, 머리칼만 쭉 펴서 남아 있는 경우도 많았어요. 그 부분 시신들이 시신 한 구에서 나뉜 것인지, 아니면 서로 다른 시신의 일부인지도 가려야 했죠. 실제로 희생당한 사람이 200명이다, 그럼 시신 조각들은 수백 개가 더 되는 겁니다. 그런 상황이었죠. 부분 시신들의 DNA가 같으면 동일한 사람이라고 볼 수 있잖아요. 그때 당시에 정확하게 기억은 안 납니다만 수십 개의 부분 시신의 감식을 한 것 같아요.

부수적인 일도 있습니다. 기본적으로 가족들의 DNA 시료가 필요했어요. 시신의 DNA 결과와 유족들의 DNA 결과를 비교해야 확인이 되거든요. 그 당시 유가족이라고 신고한 사람들의 혈액샘플을 저희가 100여 종 채취했어요. 희생자 시신 부패 정도가 워낙 심각했고 부분 시신도 많아 법의학적 소견과 DNA 결과를 종합해 신원 확인을 판단하는 데 어려움이 있었습니다. 예를 들어 법의학적 소견은 희생자의 치아 등 여러 가지 소견을 근거로 하는데 부패가 심해 신체적 특징을 잘 발견할 수 없었어요. 알아볼 수 없을 정도로 외모가 훼손됐을 때는 DNA 결과로 법의학적 소견들을 보충해주곤 하는데요. 처음 법의학적 소견으로 A라는 사람으로 추정이 됐다가 DNA 감식 결과, A가 아니라 B라는 희생자로 밝혀진 경우도 있었습니다. 유가족분들은 아주 흥분한 상태였기 때문에 웬만하면 자기 가족이 맞다고 주장하는 분들도 많았습니다. DNA 시료가 꼭 필요한 이유가 여기에 있었죠.

부실시공의 흔적

○ 대한건축사협회 이사·특별점검대책반 이종관 씨

도면이 이중으로 작성돼 있었어요. 계획도면, 허가도면, 시공도면 모두 차이가 많이 났습니다. 계획도면은 백화점을 하기 위해 무량판구조로 설계했다, 처음부터 의도를 갖고 계획한 설계다, 하

는 의미입니다. 허가도면은 법적으로 허가를 받기 위해 작성된 도면입니다. 시공도면은 우성건설에 하청을 주고 시공을 하기 위해 작성된 도면입니다. 그것도 4층짜리 시공을 위한 도면이었어요. 그런데 삼풍백화점은 5층으로 지었죠. 5층에 식당가를 운영하려 했어요. 건물용도를 백화점으로 바꾸기 위해 일부 기둥을 변경 내지 축소했습니다.

이렇게 축소한 기둥과 슬래브의 접착 부분에 엄청난 하자가 발생했죠. 철근을 절약하기 위해, 시공 시기를 단축하기 위해, 백화점을 빨리 개점하기 위해 임시사용 허가까지 받았습니다. 모든 것이 다 엉망진창이에요. 한눈에 봐도 설계한 사람, 감리한 사람, 시공한 사람이 부인할래야 부인할 수가 없었어요. 만천하에 드러났기 때문에. 시료채취를 해 하나하나의 강도, 설계하중, 내력벽의 크기를 봤죠. 또 여러 가지 설계하중과 예상하중, 고정하중, 적재하중, 그리고 지하2층부터 5층 옥상까지의 설계하중과 예상하중, 이 모든 것을 다 수치로 나타내 비교·분석했습니다.

무용지물이 된 설계 도면

○ 대한주택공사 건축구조과장·삼풍백화점 붕괴사고
   원인규명감정단 서형석 씨

1일 날 (원인규명감정단) 소집하고, 2일 날부터 경찰청에서 4

층에 방을 하나 내줬죠. 그 방에 집합해 가장 먼저 한 일이 붕괴 원인을 어떻게 따져갈 것인지 정하는 거였어요. 그런데 현장은 무너져버렸으니 저희는 가장 먼저 도면을 살펴봤죠.

설계가 잘됐고, 못됐고는 다음 문제였어요. 우선 도면상 가장 취약한 부위를 찾아 우리가 추가 조사를 할지 결정하는 거죠. 그 다음, 붕괴 전 어떤 전조 현상이 있었는지 알아보러 다녔어요. 중국집인가 그쪽에서 났던 소리, 물 샜다는 얘기, 전등 흔들렸다는 얘기 등등. 그런 얘기들을 쭉 취합해 듣고 현장에 출동했죠. 저희가 파악한 취약부위는 무량판구조였어요. 무량판구조가 무너지는 상황은 양쪽 끝이 떨어져버리거나, 가운데 있는 기둥의 어떤 접합 부분에 문제가 생겨버린 경우예요. 건축 용어로 펀칭punching이라고 하는데, 전단파괴라고 해요. 바닥과 천장을 지탱하는 기둥이 슬래브를 뻥 뚫고 올라가 기둥은 기둥대로 놀고, 슬래브는 슬래브대로 노는 게 펀칭이에요. 그러다 보면 이제 스판span이 갑자기 두 배로 커져요.

기억수집가: 스판이라는 게 어떤 건가요?

기둥과 기둥 사이 간격이에요. 예를 들어 기둥 간격이 10.5미터인데 기둥 하나가 없어지면, 간격이 21미터로 멀어지죠. 두 배로 늘어난 간격만큼 기둥 하나가 받는 힘은 길이 제곱에 비례해 어마어마하게 늘어납니다. 그럼 기둥이 뚫리겠죠. 그렇게 뚫리는 부분과 제일 외곽에 있는 측면 기둥을 중점적으로 봤어요. 그쪽 기둥에 슬래브가 연결돼 있지 않았죠. 외관상 기둥에 연결시키는 부분만 조금 연결시켜놓고.

가장 취약하다고 생각한 게 그 부분이었어요. 외곽에 기둥이 하나 있는데 슬래브가 다 붙어 있어야 해요. 그런데 창문도 뚫고 해야 하니까 슬래브를 없애버린 거죠. 기둥에는 슬래브 일부만 붙어 있어요. 그러면 슬래브가 파손될 확률이 상당히 높아집니다. 그 부분이 문제가 있겠다 싶어 그 부분 도면을 보니 슬래브하고 연결된 부분에 나중에 정식 계산 때보다 보강 철근이 더 넣어져 있었어요. 구조계산서에는 보강 철근이 상당히 많이 들어가 있는데 도면을 보니 훨씬 적어요. 부실설계인 거죠.

예를 들어 구조계산서에는 10개가 필요하다고 했는데 설계에서는 6개를 했다든지, 그렇게 줄여서 그려 넣은 거예요. 또 구조계산서를 보면 엘리베이터 홀 주변 기둥 직경이 80센티인데 실제로는 60센티였어요. 이 기둥 속의 철근은 기둥이 부서지냐, 안 부서지냐를 결정하죠. 줄어든 기둥 직경은 이 기둥이 슬래브를 뚫을 수 있느냐, 아니냐의 문제고요. 당시 기둥들은 멀쩡했거든요. 그러니까 기둥 자체의 안전에는 별로 이상이 없을 수도 있어요.

원래 기둥 직경을 줄이려면 슬래브가 안 뚫리게 슬래브 두께를 키워야 해요. 슬래브 두께를 줄이려면 기둥을 키워야 되고요. 그게 구조설계 기본이거든요. 그런데 기둥만 줄인 거예요. 기둥 직경을 변경한 근거가 없어요. 그냥 줄인 거예요, 그냥.

이야기하기 좋아하는 비전문가들

○ 서울시 삼풍백화점 붕괴사고 조사 책임자 이리형 씨

현장에는 정말 많은 사람들이 있었어요. 매스컴 관계자도, 자원봉사자분들도 참 많았어요. 그런데 이분들은 인명 구조하는 데는 도움이 되는지 몰라도 전체 현장을 통솔하는 저희 입장에서는 조금 어려웠습니다.

저희는 뭐니 뭐니 해도 유가족들의 슬픈 상황 옆에서 조사한답시고 왔다 갔다 해야 하는 상황이 무척 조심스러웠어요. 그래서 아주 조용히 일했죠. 또 현장에 몰린 많은 인원들이 제2의 인명 피해를 입지 않게 여러 건설 회사를 동원했어요. 남은 한쪽 벽이 무너지면 큰 사고가 나니까요. 밤새 그 벽을 받치는 작업을 했어요. 밤 12시 이후 사람 없을 때 작업했죠. 새벽에는 다시 많은 분들이 오시니까… 그런 어려운 점이 있었어요.

또… 조사 활동 중, 매스컴에 이야기하기 좋아하는 비전문가들이 나와 여러 논평을 하는 걸 보는 게 불편했어요. '참, 문제가 많구나' 하고 느꼈고요. 나중에 저희 쪽 원인규명 발표를 보고 '자기가 한 발언을 어떻게 책임질 건가', '아, 저런 분들이 있어서 큰일이구나' 느꼈어요. 그래서 저희는 매스컴 또는 대국민홍보용 소통채널을 서울시 한군데를 통해 일원화하기로 했어요. 최대한 다른 얘기를 자제했고요.

피해 보상과 회장의 재산

○ 서울시 삼풍백화점 붕괴사고 보상담당자 우대영 씨

　건물 피해 보상액이 얼마일까, 저희가 그 당시 3,600억 원을 추정했어요. 이준 회장 재산은 어느 정도일까, 추정을 하니 약 4,200억 정도였어요. 보상금을 마련하려면 이준 회장이 재산을 매각해 현금화를 시켜야 했거든요. 제가 이준 회장 재산을 서울시로 가져오는 작업을 했죠. 그래서 채무보증신청서, 확약서, 재산 이관하는 약정서, 이런 서류를 챙기고 재산처분 위임각서를 받으러 이준 회장에게 갔어요, 의왕 구치소로.

　이준 회장을 불러내 설명했는데, 이 양반이 안 찍어주는 거예요. 내가 어떻게 일군 재산인데 그렇게 처분하겠냐, 반발하는 거죠. 저는 '그럼 당신 건물에서 죽은 502명의 원혼과 수백 명의 부상자분들은 어떻게 책임질 거냐'고 따졌죠. 처음은 실패하고 다음에 가서 전부 받았어요. 모든 걸 다 위임받아 우리가 처분할 수 있도록 법적 조치를 취했죠. 재산 처분이 금방 되는 게 아니어서 당장 집행할 보상금을 위해 서울시가 융자를 받았어요. 그 융자금 4,000억 원내에서 보상금을 집행해야 했죠. 말이 쉬워서 보상을 한다는 거지 얼마나 힘들고 복잡하겠어요?

　유전자 감식 등으로 사망자 502명을 확정했고, 부상자는 병원에 입원한 사람, 통원 치료받는 사람 등 모두 937명이었어요.

　　　　　　　　　　　　　　　　　　1995년 서울, 삼풍

또 그 안에서 점포를 가지고 장사하던 사람이 하루아침에 폭삭 망해버렸으니 그 보상도 삼풍이 해줘야 할 거 아네요. 삼풍은 수수료로 점포 매출액의 30프로를 받았거든요. 보상액을 얼마로 할지, 증빙 방법도 마땅치 않았어요. 그래서 그동안의 거래 실적, 세금을 놓고 산정했죠. 그리고 손해사정 회사 사람들한테 삼풍 직원들 하나하나 대면시키고 손해사정을 시켰죠. 그것도 말이 쉽지, 800여 명을 일일이 정리한다는 게 만만치 않은 일이었어요.

수습이 어느 정도 되고 나니 못 쓰게 된 삼풍 스포츠 회원권 소지자들이 돈을 내놓으라는 거예요. 그것도 주긴 줘야 되겠더라고요. 그 회원권도 다 보상해줬죠. 그 다음은 부서진 자동차… 하여튼 별의별 피해가 다 있더라고요. 보상금이 한꺼번에 확정이 안 되는 게, 자꾸 2차, 3차 피해가 나왔거든요. 나중에는 뭐 보증금이 얼마 있었다는 둥 못 받았다는 둥 별 얘기가 다 나왔어요.

신축 5년 만에 골병든 건물
○ 서울지방검찰청 형사1부 검사 정성복 씨

'삼풍백화점이 왜 무너졌느냐?' 하는 부분을 수사하면서 저는 삼풍백화점 사장 이한상 씨 조사를 맡았어요. 삼풍백화점이 원래는 쇼핑센터로 만든 건물이더라고요. 쇼핑센터는 매장을 분양해서 장사하는 곳이죠. 그런데 이한상 씨가 영업팀을 구성해 회의를 했는데, 영업팀이 다 백화점 출신들이었어요. 그 영업팀이 '쇼핑센터로는 돈 많이 못 번다, 백화점을 해야 한다' 건의하는 바람에 그 건물이 백화점으로 바뀐 거예요. 쇼핑센터에서 백화점으로 바뀌니까 구조가 달라지기 시작한 거죠. 엘리베이터 만들고, 화장실 위치도 바꾸고, 여러 가지 구조를 변경하기 위해 곳곳을 잘라낸 거예요. 그 잘라내는 부분의 구조계산을 괜찮다, 괜찮다, 해가면서 진행한 거죠.

두 번째, 백화점에는 식당가가 있습니다. 쇼핑센터는 식당가가 필요 없는데, 삼풍백화점 건물 5층에 식당가를 만든 거죠. 그런데 식당은 하중이 높아요. 냉장고니 주방기구니 이런 기기가 있어 다른 매장들보다 무게가 많이 나가는 거죠. 저희가 이 수사를 하면서 국내 최초로 컴퓨터 시뮬레이션을 했는데, 5층 식당가부터 무너지기 시작했다는 결론이 나왔어요.

세 번째, 1층에 있던 냉각탑을 옥상으로 옮겼어요. 맨 위로 옮겼는데, 이 냉각탑을 처음부터 옥상에 맞게 제작·설치했으면 문제가 없었을 거예요. 그런데 이미 만들어진 걸 가지고 올라가 위치를 잡으려고 끌고 다녔어요. 그래서 천장, 지붕에 동하중(움직이고 있는 물체가 다른 물체에 주는 무게)이 걸렸어요. 일반 하중과 끌고 다니면서 생긴 동하중은 차이가 아주 큽니다. 이 동하중으로 천장, 지붕에 균열이 있었던 거죠. 건물 전체적으로 골병이 들었어요.

나중에 보니 무너진 그해에도 어딘가를 자르고 있었더라고요. 당시 지원 나왔던 주택공사의 민병원 부장 말에 의하면 주택공사 직원들이 건물 균열 상태를 점검하러 다닐 때, 볼펜 끝을 넣어본다

고 하더라고요. 일반적으로 그게 들어가면 심각한 균열이라는 거예요. 그런데 이미 삼풍백화점은 그보다 더 큰 균열이 생겨 지지대를 받치고 있었죠.

붕괴, 과실일까 고의일까
○ 서울지방검찰청 형사1부 검사 이상권 씨

법원에서 검사가 설계·감리·시공 이런 거 잘 모르듯이 판사도 마찬가지거든요. 알아듣지 못해요. 저희는 두 달 이상 전문적으로 공부하면서 수사했기 때문에 건축용어를 숙달했죠. 건축용어를 읽으면 건물 모양이 눈에 보이듯 했어요. 지금은 많이 까먹었지만 그 당시는 머릿속에 삼풍백화점 A동 건물이 무너지지 않은 모습으로 생생하게 그려지던 때예요. 머릿속에 있는 대로 얘기하면 서로가 다 알았어요. 검사들, 원인규명감정단도 다 알고 결재자까지도 다 알 정도로 머릿속에 박혀 있었어요. 그것만 가지고 살았으니까요. 그런데 판사님들은 그게 이해가 잘 안 가는 거예요. 피고인한테 물어보면 피고인은 이해를 해요. 그런데 판사님들은 피고인이 자백하는 것도 무슨 뜻인지 몰라요. 공부해가면서 재판하시느라 힘드셨겠죠.

그리고 정말 힘들었던 때가 결심공판 구형하는 순간…. 삼풍백화점 이준 회장님, 연세 많으신 분이죠. 징역 7년 반을 구형하기 전

1995년 서울, 삼풍

에 검찰청에서도 우리 수사검사들뿐만 아니라 각 형사1부, 3부, 5부의 수사에 투입됐던 검사 전원, 수사에 참여하지 않았던 다른 부의 부장, 수석검사들 전원이 다 모여 구형을 두고 정말 오랫동안 토론했어요. 적용죄명에 관해서도요. 이게 '미필적 고의에 의한 살인죄다'부터 시작해서 '아니다. 단순한 업무상과실치사상죄밖에 안 된다'까지. 그 밖에 또 몇 가지 죄명들이 더 있어요. 그 검토를 위해 법리검토를 전담했던 검사들이 또 있었고요. 하여간 삼풍백화점 붕괴사건에 서울지방검찰청 검사 전원이 관여했다고 보면 돼요. 변사체 처리도 두 개 부를 동원했어요. 수사를 하지 않았던 형사2부, 형사4부도 거기 들어갔으니까요.

적용죄명과 구형은 엄청난 토론과 법리검토를 거쳐, 찬반 거수 투표까지 했어요. '살인죄는 안 된다', '겨우 7년6월이냐'. '더 이상 구형할 수 없다', '죄명도 그렇다' '국민들, 특히 유가족들이 받아들일 수 있겠냐' 얘기도 나왔어요. 피해를 입은 유족의 감정이나 국민감정은 7년6월 구형을 용납하지 않아요. 그런데 저는 7년6월을 구형할 수밖에 없잖아요. 정말 가슴 아팠어요. 그래서 결심공판 때 '살인죄를 검토했으나 법리상 무리인 거 같아 살인죄로 기소하지 못하고 7년6월밖에 구형하지 못하는 것이 정말 가슴 아프다' 그렇게 말했던 게 참… 법의 미비라고 봐야 할까요.

'미필적 고의에 의한 살인죄'

○ 서울지방검찰청 형사1부 검사 이경재 씨

　　고의냐 과실이냐 하는 부분이요. 대형 참사의 원인이 '방만한 관리 탓이냐, 아니면 사고가 일어날 걸 알고도 방치한 것이냐' 이런 부분이거든요. '삼풍백화점 붕괴사건'의 경우는, 붕괴 전날 어떤 회의가 있었더라고요. 당시 여러 가지 붕괴 조짐이 있었어요. 옥상에 균열이 간다거나 문을 열고 닫는데 아귀가 안 맞는다거나 또 보강 조사하는 사람들이 와서 '휨 현상이 있어 보강을 해야 한다'이런 얘기를 했더라고요. 이런 전조 현상이 있어 결국 대책회의까지 했던 거죠. 결과적으로 붕괴로 가는 단계였다는 거죠. 아, 이건 끝이구나. 그럼 당연히 이준 회장과 백화점 관계자들은 영업을 중단해야 되지 않느냐, 그런데 영업을 계속하게 했으니 그건 미필적인 인식, 살인에 대한 인식이 있었다, 라고 봐서 살인죄를 적용해야 된다. 이런 의견이 있었죠.

　　미필적인 거라는 거는 '그런 사고가 발생하면 안 되고, 발생할지 안 할지 모르겠지만 발생할 가능성이 있다, 그럼에도 불구하고 조치를 안 했다' 이런 게 미필적인 살인의 인식이거든요. 그런데 이 사람들 다 조사를 해보면, '과연 이 사람들이 백화점이 붕괴될 거라는 인식을 할 수 있었느냐' 의문이에요. 제3자, 객관적인 입장에서 아주 어려움이 있겠지만, 이런 일은 일어난 적이 없으니까, 상상을 못 하는 일 아니에요? 이 사람들도 불안했지만 기술자가 '보강하면 된다' 얘기하니 '보강해야겠다' 정도 생각한 거죠. '아이구 곧 무너져 많은 사람이 죽는다' 그렇게 생각했다고 인정하기는 어렵다는 겁니다. 그래서 '미필적 고의에 의한 살인은 적용하기가 어렵다'는 결론을 내리게 됐어요.

당시 한쪽에서는 '이런 미필적 고의에 의한 살인을 대형 참사에 적용하는 선례를 남겨야 한다'는 의견도 많았어요. '이 정도의 붕괴 전조 증상이 있었고 보고도 받았다. 그럼 미필적 고의에 의한 살인죄를 적용해볼 만도 했지 않느냐?' 그래서 심각하게 토론이 이루어졌어요. 검사들끼리도 토론하고, 이 사안이 대검에 다 보고됐다니까요. 부장들까지도 토론을 했어요. 중지衆智를 모으고, 판례도 검토한 끝에 '미필적 고의에 의한 살인'은 적용되지 않았어요. 그렇게 됐습니다. 최종적인 법리 판단은 사실관계를 다 늘어놓고 어떤 법을 적용할 것이냐, 이런 맥락이거든요. 그때는 부장이고 평검사고 직위에 관계없이 그냥 검사 대 검사, 법률가로서 토론을 하게 됩니다.

튼튼한 건물이 아니었습니다

○ 대한건축학회 김명준 씨

(무너지지 않은 건물 B동에) 스포츠 시설이 있었어요. 저는 이 건물을 철거하는데 여기 기둥이나 구조시스템이 못 미더웠어요. 저

희는 크레인 위에서 안전줄을 매고 다이아몬드 식으로 자르려고 했는데 이게 3~4개월 이상 걸리더라고요. 다시 아이디어를 냈죠.

계단실 있는 부분이 소위 말하는 코어core인데 여기에 내력벽이 올라가 있어 여기 네 군데는 남아 있었어요. 그거 기억하시죠? 처음에는 B동에 발파해체 공법으로 기둥 안에 다이너마이트를 집어넣어 폭삭 앉히려 했는데 위험하다는 결론을 냈어요. 왜냐하면 그 철거 공사 중에 1층도 내려앉았거든요. 그래서 사람들을 다 빼고, 일본에서 수입한 크라셔crusher라는 분쇄기로 쪼개자, 해서 한쪽 귀퉁이를 잘라냈어요. 그런데 퇴근하고 다음 날 아침에 보니 폭삭 다 무너져 있는 거예요.

쉽게 얘기하면, 저희가 만약 폭파해체공법을 강행했다면 수십 명이 죽을 뻔했다는 거죠. 그만큼 굉장히 약한 건물이었어요. 저희는 이제 그 생각을 했죠. 상다리 하나를 없애면 상이 주저앉잖아요. 그래서 상다리를 하나 제거하자, 그래서 한쪽만 제거했어요. 아닌 게 아니라 다음 날 새벽 5시에 B동 전체가 무너져버렸어요. 튼튼한 건물은요, 우리가 아무리 까부수려 해도, 여간해서 잘 안 무너지죠. (삼풍은 조금만 건드려도) 그냥 무너져버렸어요.

수사와
판결

"부장님, 뭔가 이상한데요? 앞에 백화점이 없어졌어요."

서울지방검찰청 형사 제1 부장검사 이경재 씨는 1995년 6월 29일 오후, 공판부 검사로부터 난데없는 전화 한 통을 받았습니다. '백화점이라면 공판부실 창문으로 보이는 삼풍백화점을 의미하는 것이리라. 그런데 이게 말이 되나?' 어리둥절한 것도 잠시, 촉각이 곤두섰고 실제 상황일 수 있다는 불안감이 엄습했습니다. 그는 불과 몇 달 전 성수대교 붕괴사고를 담당했던 주임검사였습니다. 이 씨는 즉시 상부에 보고했고 검사들을 소집했습니다. 수사가 결정되기까지는 30분이 채 걸리지 않았습니다. 순식간에 사이렌 소리가 울려 퍼지고 붕괴사고가 방영되기 시작했습니다.

백화점이 무너진 초유의 사태에 검찰과 경찰이 공동으로 합동수사본부를 결성했고 분야별 수사팀이 꾸려져 서초경찰서와 현장으로 급파됐습니다. 서울지검 형사 제1, 3, 5부의 검사 27명이 총 동원된 것은 물론 검사 1명당 지원되는 4명 정도의 추가인력까지 포함해 120명에 달하는 유례없는 대규모 수사단이었습니다. 이와 함께 서초경찰서 형사과 제1, 2, 3, 4반 소속 경찰관 38명도 수사에 투입됐습니다.

　　"사고 현장에는 부러진 기둥들이 마치 땅에서 솟아난 듯 서 있고 5층 건물은 지하 깊숙이 폭삭 주저앉아 있었습니다. 무너진 건물 더미 곳곳에서 피를 흘리며 구조요청을 하는 사람들의 절규와 신음소리가 들렸습니다. 건물 안에는 수백 명이 매몰된 것으로 추정됐습니다. 수사는 어떤 방식으로 해야 하고, 사고 원인은 어떻게 밝혀야 할까? 또 원인제공자들은 이 많은 죽음 앞에서 어떤 대가를 치러야 할 것인가."

　　성수대교 붕괴사고 수사를 마무리하고 백서 발간을 하루 앞둔 수석검사 이정희 씨는 미리 들어온 책자의 견본을 살피고 있었습니다. 대한민국 초유의 사건으로 검사들의 진을 빼놓기에 충분했던 그 사건의 백서를 살피는 그의 표정에 만감이 교차했습니다. 그날 퇴근 무렵 삼풍백화점 붕괴소식이 들려왔습니다. 또 다른 고생길이 펼쳐지는 것 같았지만 현장에서 사람들이 죽어가고 있는 이상 숨 돌릴 여유는 없었습니다.

　　이 씨는 곧바로 검경합동수사본부에 합류해 사고원인을 밝히는 작업에 돌입했습니다. 사고 3일차, 명확한 원인 규명을 위해 학계 및 실무를 망라한 8명의 건축전문가가 모여 삼풍백화점 붕괴사건 원인규명감정단(약칭 감정단)이 꾸려졌습니다. 정밀 현장조사활동을 위해 대한주택공사 직원 4명이 기술지원팀에 참여했습니다.

감정단은 삼풍백화점이 층고를 낮추고 넓은 시야를 확보하기 위해 보가 없는 무량판구조로 지어졌다는 데 주목했습니다. 무량판구조는 기둥에 보를 얹지 않은 채 바로 바닥판을 연결하는 공법이라 연쇄붕괴를 야기합니다. 구조물의 부분적 붕괴가 순식간에 전체 붕괴로 이어지는 식입니다. 그래서 무너진 삼풍백화점은 기둥만 우뚝 솟은 채 바닥판이 모두 밑으로 가라앉은 형상이었습니다.

역시 성수대교 붕괴사건을 수사했던 검사 정성복 씨와 이상권 씨도 수사에 가담했습니다. 사건의 진상은 예상보다 빨리 드러났습니다. 건축 및 건설 관련 전담부서이던 형사1부가 설계에서 시공, 감리에 이르는 수사를, 안전사고 전담부 형사5부가 유지·관리 분야를, 형사3부가 감독행정관청을 맡아 전 방위적 수사가 진행됐습니다. 이렇게 부실시공과 관리부실, 건설비리의 부패 사슬이 낳은 건축사고의 전말이 밝혀지게 된 것입니다.

수사가 본격적으로 진행되는 동안 한편에서는 시신 확인 문제가 대두되고 있었습니다. 사고 발생 하루 만에 약 90구의 시신이 발굴됐습니다. 대부분 심각한 외상으로 온전한 시신을 찾을 수 없었고 어렵사리 발견한 시신도 정확한 신원 확인이 힘들었습니다. 그뿐만 아니라 사망자 다수가 건물 더미에 매몰된 탓에 발굴에 상당한 시간이 소요되었고 장마철 고온다습한 날씨에 부패속도까지 빨라졌습니다. 사고 발생 일주일 정도가 경과됐을 때부터는 외견상의 특징만으로 신원을 확인하는 것이 거의 불가능해졌습니다.

검찰은 유족들에게 한시라도 빨리 시신을 인도하기 위해 형사2, 4부의 검사 인력을 가동해 7월 1일부터 직접 검시에 들어갔습니다. 1차적

1995년 서울, 삼풍

으로 외모와 유류품 등으로 확인이 불가능할 경우 지문 감식을 의뢰하고, 지문조차도 나오지 않는 경우에는 유전자 감식을 실시했습니다. 7월 중순부터는 국립과학수사연구소와 대검찰청 유전자 감식실, 서울대학교 및 고려대학교 법의학교실로 구성된 변사체처리반이 설치·운영됐습니다.

"건물이 무너지면서 시신이 훼손돼 팔 하나, 발목 한쪽만 발견되는 등 부분 시신이 아주 많았습니다. 심지어 옷이나 머리카락만 남아 있는 경우도 있었죠."

관련자 수사와 현장치안, 신원 확인을 담당하던 경찰은 어두운 매몰 현장에서 손전등을 들고 백화점 지하에 있던 직원 사물함을 일일이 열어보며 조사를 이어갔습니다. 찌그러지고 물이 찬 사물함을 열어 제복과 이름표가 발견되면 비출근자, 갈아입은 사복이 있으면 출근자로 분류해 이들이 현장에 있었을 것이라 추정했습니다. 그러다 사체가 발견되면 바로 혈액을 채취해 유전자 감식반으로 이송했습니다. 이런 과정을 거쳐 서울 전역의 병원에서 시신 확인이 마무리되기까지는 9개월이 걸렸습니다.

검경합동수사본부가 이처럼 총력을 기울이는 가운데 사건 발생 후 약 한 달여가 지난 7월 26일, 관련자들에 대한 공소가 제기됐습니다. 그러나 법리 적용이 쉽지는 않았습니다. 백화점 관계자들에게 미필적 고의에 의한 살인죄를 적용해야 한다는 언론 보도도 잇따랐습니다. 기소를 앞둔 검사들은 엄정한 법률해석과 국민들의 법감정 사이에서 고민할 수밖에 없었습니다. 2주 이상 보강 수사에 이어 법리검토 회의가 열렸습니다.

"산 사람이 있고 죽은 사람이 있는데 살아 있는 사람들이 죽은 사람한테 답을 해야 한다, 그런데 이 답은 누가 해줘야 하나? 지금 조사하고 있는 우리 검사들이 정확한 답을 해줘야 한다, 다시는 이런 일이 일어나지 않게 죄다 밝혀 처단하는 것이 이 시점에서 우리에게 부여된 임무라는 생각에 천착해보자고 했습니다. 그러나 사고 당일 백화점 간부들이 붕괴시각까지 백화점 안에 남아 있었고 이준 회장의 며느리 역시 지하매장에서 구조된 점, 붕괴로 인한 손해가 영업으로 얻는 이익보다 크다는 점 등 여러 사실관계와 정황으로 볼 때 미필적 고의에 의한 살인죄를 적용하는 것이 곤란하다고 판단했습니다."

그리고 재판이 시작됐습니다. 첫날 재판은 아침에 시작해 밤 11시 반에 끝났고 사고 발생으로부터 1년 여가 지난 1996년 8월 23일, 최종 판결이 내려졌습니다. '업무상과실치사상죄'로 일단락된 삼풍백화점 붕괴사건의 최종 판결문은 다음과 같습니다.

『삼풍백화점 붕괴사고에 관한 대법원 판결』

대법원 1996. 8. 23. 선고 96도1231 판결
특정경제범죄가중처벌 등에 관한 법률위반(업무상횡령)·업무상과
실치사·업무상과실치상·수뢰후부정처사·뇌물수수·부정처사후수
뢰·특정범죄가중처벌 등에 관한 법률위반(뇌물)·뇌물공여·허위공
문서작성·허위작성공문서행사

판결요지: 건물(삼풍백화점) 붕괴의 원인이 건축계획의 수립, 건축
설계, 건축공사공정, 건물 완공 후의 유지관리 등에 있어서의 과실
이 복합적으로 작용한 데에 있다고 보아 각 단계별 관련자들을 업
무상과실치사상죄의 공동정범으로 처단한 사례

기억수집가 박현숙 정리

재난과
응급의학

사고 당일 간호사 박현숙 씨는 강남성모병원 응급실에서 일하고 있었습니다. 응급실 내 환자 전체를 관리하는 간호사를 차지간호사라고 하는데 응급실에 온 환자 접수를 받고 담당 의사와 간호사를 지정해주는 일을 합니다. 삼풍백화점 붕괴사고가 있던 날은, 박현숙 씨가 한 달 동안의 훈련을 마치고 선배 간호사 없이 홀로 차지간호사 역할을 해내는 첫날이었습니다. 여느 때처럼 중환자들이 넘치는 응급실의 일손은 부족했습니다. 발작이 일어난 뇌졸중 환자에게 진정제를 주사하고 다급하게 응급실로 돌아오던 박현숙 씨는 '회색 먼지를 뒤집어쓴 채 피를 흘리는 사람들'을 보고 머리카락이 쭈뼛 서는 느낌을 받았다고 합니다.

같은 시간 응급실 지하 회의실에서는 가톨릭대학교 성모병원의 응급과 의사들이 컨퍼런스를 하고 있었습니다. 평소 응급의학 트레이닝을 중요하게 생각했던 외과의 김세경 씨를 중심으로 응급과 의사들이 한 달에 한 번씩 모여 재해와 응급처지 등을 함께 연구하고 논의하는 학회였습니다. 레지던트 4년차 의국장이었던 이기중 씨도, 레지던트 수료 후 여의도성모병원에서 임상강사로 근무하던 박규남 씨도 모두 그 자리에 있었습니다. 컨퍼런스를 하던 중에 갑자기 큰 사고가 났다고 연락이 왔고, 그 자리에 있던 의사들이 모두 응급실로 뛰어 올라갔습니다. 응급실엔 온몸에 회색 가루를 뒤집어쓰고 눈만 말똥거리는 사람들이 가득 차 있었습니다.

원칙상 재난사고 현장에는 빠른 시간 안에 현장 진료소를 설치해 환자의 중증도를 분류하고, 주변 병원의 수용 가능성, 의료진 등을 확인해서 각급 병원으로 분산 이송해야 합니다. 그러나 당시는 그럴 만한 여건이나 환경이 준비돼 있지 않았습니다. 그저 사고 현장과 가장 가까운 병원으로 환자, 기자, 보호자들이 다 몰려버리고 말았습니다. 삼풍백화점 사고 현장에서 차로 5분 거리에 있었던 강남성모병원은 그렇게 제2의 재난 현장이 돼버렸습니다.

응급실 침대 45개로 환자를 수용하기란 역부족이었습니다. 응급실 지하 회의실을 임시 응급실로 전환하고 응급실 앞마당에서도 응급처치가 시행됐습니다. 강남성모병원이 사실상 현장 진료소가 됐고 이곳을 기점으로 영동세브란스병원, 삼성병원 등 주변 병원으로 환자가 재이송됐습니다. 구급 체계가 일원화되지 않았고 휴대 전화도 대중화되지 않았던 그 시절, 희생자 가족들은 서울교대 체육관이나 강남성모병원 앞에 진을 치고 가족의 사진과 이름, 인상착의를 벽에 붙이고 입간판을 들었습니다. 안타까운 사연도 줄을 이었습니다. 갓 결혼한 아내와 부모님이 수개월간 간병했던 생존자가 2~3개월 뒤 다른 사람으로 밝혀진 겁니다. 정작 당사자의 부모님은 아들이 죽었다고 생각해 장례를 치른 상황이었습니다. 1994년 가톨릭대학교에서 인턴을 마친 김영민 씨는 사당에 있던 오산당병원 야간 당직 의사로 근무하면서 진로를 고민하고 있었습니다. 오산당병원은 사고 관련 협조요청을 받고 병원 내 의사들을 호출했고 김 씨도 50여 명 중상자와 사망자를 마주하게 됩니다.

"응급의학과는 최일선에서 환자를 판단하고 분류해야 하는 막중한 자리라 고민하던 차였는데 이날의 경험이 저를 응급의학과 의사의 길로 이끌었습니다"

사실 삼풍백화점 붕괴사고가 있었던 1995년은 아직 우리나라에 응급의학 전문의가 없던 시절입니다. 응급의료의 개념은 1988년 서울 올림픽을 하면서 알려지기 시작했고, 강남성모병원을 필두로 아산병원, 삼성병원 등 극히 일부 병원에만 응급의료센터가 갖춰져 있었습니다. 응급의료 체계의 필요성이 지속적으로 대두되면서 대한응급의학회를 중심으로 응급의학 전문의 제도를 언제부터 시행할 것인지를 논의하던 와중에 삼풍백화점 붕괴사고가 발생했습니다. 참사 이후 전 국민이 응급의학의 중요성을 인식하게 되었고 사고 다음 해인 1996년 2월부터 응급의학 전문의 제도가 시행됐습니다. 구급차도 119로 일원화됐으며, 응급처치 전문인력을 대학에서 양성하기 시작해서 응급구조사 국가 자격증도 생겼습니다. 대형 재난을 계기로 응급의학 분야에 일종의 인프라가 갖춰지기 시작한 겁니다.

기억수집가 류진아 정리

사건
개요

1995년 6월 29일 17시 55분경, 서울시 서초구 서초동 1685의 3에
위치한 삼풍백화점 건물 중 각종 매장이 입점해 있는 A동 건물이 순식
간에 붕괴돼 수백 명의 사람들이 매몰되는 대형 참사가 발생했다. 한국
전쟁 이후 단일 사고 최대의 인명 피해를 초래한 '사건'이었다.

　삼풍백화점은 서울 시내 백화점 중에서도 최신의 시설을 갖춘 호화
백화점으로 이름나 있었고 완공된 지 5년여밖에 되지 않은 건물이기 때
문에 안전성에 대한 의심은 상상조차 할 수 없었다.

　삼풍백화점은 지하4층, 지상5층, 연면적 7만 3,877평방미터의 대형
백화점으로 1989년 12월 1일에 개장했다. 지하4층에는 기계실이, 지하
3층에는 주차장, 직원식당, 여직원 휴게실·탈의실 및 미화원 대기실 등
이, 지하2층에는 주차장과 창고 등이 있었으며, 지하1층에는 슈퍼마켓,
스낵 코너, 아동복 매장, 완구점, 제과점, 서점 및 식품창고 등이 들어서

있었다. 북측 A동의 지상1층부터 4층까지는 화장품, 잡화류, 신사복, 숙녀복 매장과 가구 및 가정용품 매장이 있었고 5층에는 한식·일식·중식 등의 식당과 커피숍 및 신용판매부 사무실 등이 있었다. 남측 B동에는 1, 2층에 은행, 증권 및 신탁회사 사무실이, 3층에는 사무실, 전산실, 치과 등이, 4층에는 스포츠센터, 5층에는 수영장, 에어로빅장 등이 있었다.

붕괴는 백화점 건물 북쪽 A동 및 중앙연결통로 부분에서 일어났는데, 특히 A동은 북쪽 콘크리트 내력벽을 제외한 건물 전체가 지하까지 전부 무너져 내려앉았으며, 의류점 등 매장이 집중돼 있었던 만큼 고객과 종업원 등 수백 명이 미처 빠져나오지 못한 채 건물 안에 매몰돼버렸다.

사고 현장은 각 층의 슬래브가 차곡차곡 포개져 지하 깊숙이 주저앉아 있었고, 석면과 분진가루로 뿌옇게 뒤덮여 10미터 밖이 채 보이지 않았다. 사고 현장 주변은 건물 붕괴 시의 폭풍 현상으로 인해 뒤집어진 차량과 백화점 안에서 튕겨 나온 상품 및 사상자들의 소지품들이 어지럽게 나뒹굴고 있었다.

시간대별
상황

○ 08:00 - 09:00

08:05부터 09:00 사이 백화점 직원 10여 명이 A동 5층 춘원식당의 바닥 돌출과 천장 침하를 확인했다. 식당 바닥은 기둥 주위 가로 5미터, 세로 7미터 정도의 면적이 7센티미터 가량 부풀어 올라 돌출돼 경사져 있었고, 천장은 내려앉아 기둥이 천장을 뚫고 솟아오른 상태였으며 문짝이 심하게 뒤틀려 있었다. 옥상 바닥의 시멘트 또한 마치 물고기 비늘처럼 일어나 군데군데 밑으로 처져 물이 고여 있었다. 08:00경 시설부 직원 오길청 씨가 위 사실을 이영철 시설부장에게 보고했고 약 10분 후 이영철 부장은 5층 및 옥상의 바닥 돌출과 침하 현상 등을 확인했다.

○ 09:00 - 10:00

09:00경 당직근무자 이병두 씨의 보고 후 김덕기 설비과장이 현장

을 확인하고 가스 및 위험물 관리를 철저히 할 것을 지시했다. 09:40경 이완수 시설차장, 김덕기 설비과장이 춘원식당 바닥 침하 및 신용판매소 사무실의 뒤틀린 문짝을 확인했고 이완수 차장이 침하부분 도면을 작성하여 시설부 직원들은 균열 모습을 사진 촬영했다. 시설부의 권유로 이 시각부터 춘원식당은 휴업에 들어갔다.

○ 10:00 - 11:00

10:00경 시설부 조회시간에 이완수 씨가 이영길 시설이사 및 이영철 시설부장에게 균열 및 침하상태를 보고했다. 이때 이영철 부장은 기자나 고객들에게 이 사실이 알려지지 않도록 철저한 보안 유지와 현장 출입 통제를 지시했다. 한편 직원 윤종근 씨가 이영철 부장에게 신용판매부 사무실의 뒤틀린 문짝과 사무실 바닥 및 천장 침하를 보고했고, 조회 도중 이영길 이사와 이완수 차장이 현장으로 가 균열현상을 재차 확인했다.

10:30경 이영길 이사가 춘원식당의 바닥의 균열과 옥상 바닥의 물결 모양 굴곡을 확인하고 즉시 인근 점포 3곳을 폐쇄조치했으며 해당 부분의 가스 및 전기 공급을 중단했다. 이영길 이사는 이 사실을 이한상 사장에게 보고했다. 10:00, 11:00 및 13:00경 4층 천장에서 "딱" 소리가 들리면서 천장 3곳에 금이 가고 1센티미터씩 내려앉는 모습이 목격됐다. 10:30경에는 4층 귀금속 코너의 천장에서 "쿵" 소리가 나고 기둥 주위 천장이 5센티미터가량 내려앉으면서 먼지가 조금 떨어졌다. 10:40경 5층 춘원식당 앞에 내부수리중 푯말을 설치하고, 이영철 시설부장은 직원 윤종근 씨 등에게 보안에 만전을 기할 것을 재차 당부했다.

○ 11:00 - 12:00

11:00경 이한상 사장은 이영길 이사 등과 5층 바닥의 균열과 경사를 확인하고 안전조치를 지시했다. (대피지시 없었음.) 이때 이완수 차장은 직원들로부터 균열현장을 촬영한 사진을 전달받았다. 11:30분경부터 12:00경 사이 백화점 직원 및 5층 식당의 종업원들이 4, 5층에서 "쾅" 소리를 들었다. 한편 미전식당의 주방조리대가 넘어지면서 고객들이 식사 도중 황급히 대피하는 일도 있었다. 미전식당, 현지식당 등 5층 북쪽 식당가 대부분에 균열이 발생했다. 미전식당의 바닥 대리석 1제곱미터가량이 약 2~3센티미터 융기되고 천장이 침하됐으며, 신용판매과 사무실의 벽에 균열이 발생했다. 또한 현지식당의 천장에서 전선을 타고 물이 쏟아져 가스, 전기를 차단하고 직원 및 고객들을 대피시켰다. 한편 4층에서 "쾅"하는 소리와 5층의 시멘트 바닥이 깨지는 소리도 들렸다. 이영철 부장과 김덕기 설비과장이 이 현장을 확인한 뒤 안전상의 이유로 5층 미전식당과 현지식당 사이 식당가에 출입 통제를 지시했다. 그리고 12:00경부터 5층 행사매장에 놓여 있던 도자기와 가구 등을 다른 층으로 옮기기 시작해 16:00경 가구는 지하3층으로, 도자기는 4층으로 옮기는 작업을 완료했다.

○ 12:00 - 13:00

12:30경부터 이한상 사장, 이영길 이사 등이 임형재 건축설계사와 함께 균열현장을 둘러보기 시작했는데 5층 식당 바닥의 10센티미터 침하와 기둥 사이 침하, 옥상의 침하 부분 2곳을 발견했다. 이를 본 임형재 건축설계사가 이한상 사장에게 5층 식당가와 4층 귀금속 코너의 대피

를 건의해 5층 식당 대부분과 신용판매부 사무실 및 4층 귀금속 코너의 영업을 중단시키고 대피시켰다. 동시에 5층 4개 업소의 가스, 전기 공급을 차단하고 4, 5층 연결 에스컬레이터와 옥상 쿨링타워 작동을 중단시켰다. 춘원식당 등 식당 주변은 출입금지표시를 하여 접근을 차단시켰으며 이영길 이사가 기울어진 식당가 앞에 칸막이를 설치하라고 지시했다. 이격 영업전무는 4, 5층 연결 에스켈레이터 앞을 칸막이로 막으라고 지시했고, 이완수 차장이 현지식당까지 침하된 바닥을 도면에 표시했다.

○ 13:00 - 14:00

13:00경 박영배 건설상무, 이완수 차장, 직원 최관훈 씨 등이 5층 춘원식당의 바닥타일을 깨본 결과 기둥 주위 폭 7~8센티미터의 균열이 기둥 쪽으로 깊어지고 있었고 바닥판이 약 15센티미터 가량 침하돼 있었으며, 4층 천장의 기둥과 슬래브 사이에도 균열이 확인됐다. 이격 영업전무, 이규학 총무이사도 균열현장을 답사했으며, 5층 돌비커피숍 바닥에서 "뚝뚝" 하는 소리가 들렸다. 13:30경 중국 음식점 월계관은 이완수 차장의 의견을 듣고 영업을 재개했으나, 춘원식당 앞 에스컬레이터 옆 기둥 천장 균열과 기둥을 감싸고 있는 대리석이 깨진 것이 목격됐다.

○ 14:00 - 15:00

14:00경 이준 회장 등 임원들이 참석한 중역 회의가 개최돼 이한상 사장이 5층의 균열 상황을 칠판에 그림을 그려가며 설명했고 건축설계사와 구조기술사에게 자문하겠다고 보고했다. 한편 5층이 무너질 것 같다고 말하는 김종철 경비조장을 이격 전무가 힐책하면서 경비원 보안유

지 교육을 지시했다. 15:00경 이격 전무가 4층의 내려앉은 천장 부근에 칸막이 설치와 이에 따른 물건이동 계획안을 작성·지시했고, 1~3층도 그에 따른 대비를 하기로 영업부 간부들이 구두협의했다.(건물 붕괴로 인해 계획안을 보고하지는 못함.) 이어 에어컨 수리 안내방송을 실시했으며, 총무과 직원이 현지식당에서 3일 정도 장사를 못 할 것 같으니 음식과 부식물을 모두 처분하라는 말을 했다. 한편 14:00경부터 15:00경까지 약 1시간 동안 옥상바닥의 물 퍼내기 작업이 실시됐다.

○ 15:00 - 17:00

15:10경 이학수 구조기술사가 도착하여 이한상 사장, 이영길 이사, 박영배 상무, 이완수 차장, 등이 임형재 건축설계사, 이학수 구조기술사 등과 함께 5층 바닥 및 옥상의 안전진단을 실시했다. 이때 이학수의 지시로 앞서 깨보았던 5층 식당 기둥 주위 바닥에서 종전보다 커진, 주먹이 들어갈 정도의 균열을 확인했다. 15:40경 이준 회장이 4층까지 현장을 확인하러 나왔다가 이한상 사장의 권유로 사무실로 돌아갔다.

16:00경 B동 3층 회의실에서 중역 11명과 이학수 구조기술사, 임형재 건축설계사 등이 참석한 대책회의를 개최하여, 이학수 씨에게 자문을 받았다. 이때 이학수 씨는 무량판공법건물의 기본구조를 설명하고 하중의 증가가 없으면 더 이상 침하는 확대되지 않을 것이며 붕괴 위험은 없다고 보고했다. 그리고 보강 방법으로는 처진 슬래브를 철재 빔과 기둥으로 지하1층부터 5층을 받치는 방법과 4개로 분산시켜 받치는 방법이 있으며, 영구적인 보강 방법으로는 기둥 주위에 철재 빔을 받치고 케이블 기둥과 기둥 사이로 당겨 주는 포스텐션 공법을 소개했다. 이학

수 씨의 설명을 들은 이준 회장이 혹시 철근이 부러진 것이 아니냐, 보강 방법을 믿을 수 있느냐고 질문하자 금일 폐점 후 응급조치를 하면 별문제가 없을 것이라고 답변했다. 이영길 이사는 회의실에서 전화로 A동 5층에 있는 이영철 시설부장과 간이 칸막이 설치 여부를 논의했다.

○ 17:00 − 붕괴시각

17:30경 이학수 구조기술사가 보강 공사에 시일이 걸리니 응급조치로 처진 부분을 강관으로 받치되, 자재 품목을 선정해 보내주면 사무실로 돌아가 상세한 공사내용을 검토하여 그 결과를 팩스로 보내주기로 하고 회의장을 떠났다. 이때 일부 간부들은 야간 보수 작업용 자재 및 인부들을 준비하기 위해 회의실을 나섰고 나머지 사람들은 회의를 계속했다. 이 당시 5층에서 '텅' 하는 소리가 들렸다.

17:35경 이영철 부장이 위험하다며 가스를 잠그라고 지시해 설비과 직원 유문식 씨가 5층 식당가의 가스를 잠갔다. (일식집 식도락 주인은 영업허락을 받았다며 가스를 못 잠그게 했다.) 이때 유문식 씨는 북서쪽 벽 천장에서 바닥까지 난 금을 보고 북쪽이 무너질지도 모른다는 불길한 느낌이 들었다고 진술하고 있다. 17:40경 4층의 안경부 쪽 천장에서 오전보다 더 크게 "뚝" 소리가 나면서 천장이 움직였고, 5층 에스컬레이터 쪽 천장에서 시멘트가 떨어졌다. 17:30경부터 17:50경 사이 이영길 이사가 회의실에서 이영철 부장에게서 전화로 춘원식당에서 "텅" 소리가 들린다는 보고를 받았으며 17:47경에는 4층에서 "뚜둑" 소리가 들려 사람들이 중앙으로 몰렸다가 비상구 등으로 대피했다. 이어 5층에서도 "쿵" 하는 소리가 들려 사람들이 대피를 시작했다. 17:50경 이완수

차장이 A동 5층에 있던 이영철 부장에게서 붕괴조짐이 보인다는 전화를 받고 나서 1분 뒤부터 붕괴가 시작됐다. 17:52경부터 붕괴가 시작됐고 이때 5층의 비상벨이 울렸다.

○ 사건발생

1995년 6월 29일 17시 57분

서울특별시 서초구 서초동 1685-3

지하4층, 지상5층

7만 3,877평방미터

○ 희생자 규모

사망 502명(남 106명, 여 396명)

사망확인 472명(사망인정 30명)

부상 937명

실종 6명

○ 사고 발생 비용

유가족 보상 총액 1,874억 5,100만 원

(1인당 평균 3억 7,300만 원)

부상자 보상(938명 중 714명) 총액 1,004억 6,800만원

(1인당 평균 1억 4,100만 원)

재원확보 국비 500억 원, 시비 3,500억 원, 성금 23억 5,000만 원

긴급구조구난경비 5억 원

부상자 치료비 25억 2,300만원

이재민 구호비용 2억 5,000만 원

피해시설 복구업무비 36억 7,600만 원

피해보상 융자재원 지원 500억 원(예비비·국고)

장례비·조의금 300~500만 원(시비·성금)

○ 처벌

삼풍백화점 회장 업무상과실치사상죄 및 특정범죄가중

 - 1심 판결 : 징역 10년6월, 대법원 판결 : 징역 7년6월

전 서초구청장 1, 2차 가사용 승인 뇌물 1,300만 원 수령

 - 1심 판결 : 징역 3년, 대법원판결 : 10월 추징금 300만 원

2장 살아서
돌아오다

: 생존자의 기억

"샹들리에가 덮쳐서 살았어요"

○ 생존자 김고미 씨

신랑이 은행을 다녔거든요. 교대지점이었고 백화점이랑 가까웠어요. 신랑이 은행에서 30만 원짜리 삼풍백화점 상품권을 받은 거예요. 그걸로 전철에서 간단하게 들 수 있는 작은애 유모차를 살겸 밥도 먹을 겸 갔어요.

한여름이 아닌데도 에어컨이 안 틀어져 있어서 너무 더웠어요. '아, 여기 왜 이렇게 더워요' 물어봤더니 '에어컨에 문제가 있다. 오늘 마침 안 되는 날이다' 하더라고요. 더우니까 사람들은 많지 않았어요. 사려고 했던 유모차가 동네에서 살 수 없는 거였고, 저도 선물받은 상품권이 있으니까 구입하는… 정말, 정말 마음먹고 간 거였죠. 지하1층에서 유모차를 사고, 1층에 올라오니 샹들리에가 보였어요. 가운데 위로 공간이 빈 거죠. 거기서 우유 먹이고 나가려고 했어요. 그때는 가정주부들이 삐삐나 이런 거 잘 안 가지고 다녔잖아요. 공중전화로 남편에게 약속 확인하는데 "조금만 더 있다 나와" 하는 거예요. 그래서 계속 앉아 있었어요. 작은애 현범이는 안아서 우유 맥이고, 큰애 현정이는 천방지축 뛰어다녔죠. 여자아이니까 1층 안쪽에서 하는 보석전을 구경하는데 한 직원이 달려 나가면서 "건물 무너져요!" 하고 소리를 지르는 거예요.

그 순간 어떻게 나 혼자만 뛰어요, 4개월 된 현범이는 안고 뛸 수 있었는데 큰딸 현정이가 안에서 구경을 하고 있으니까 아이를 잡으러 거꾸로 안으로 더 들어갔어요. 거기서 현정이 한 손을 잡고 정문 쪽으로 뛰어나갔는데 이미 늦은 거죠. 찰나긴 한데 만약 보석전 하는 쪽도 무너졌다면 그냥 압사됐을 것 같아요. 만약 현정이 손을 안 잡고 그냥 정문 쪽으로 뛰어나갔어도 거기도 봉이 없었기 때문에 압사될 수 있었고요. 1층 중앙 홀 쪽 철봉이 얼기설기하게 받쳐준 고 밑에, 그 공간에 딱 갇힌 거죠. 딱 무너지면서 아세톤 냄새가 났어요. 잠깐 기절을 해서 뭐가 뭔지 몰랐는데 깨서 보니 아세톤 냄새 같은, 시큼하고 이상한 냄새가 심하게 났어요. 어떻게 무너졌는지, 어떻게 넘어졌는지, 그건 기억을 못 하겠어요.

처음에는 아무것도 보이지 않았어요. 모든 사람들이 깔려서 뭐가 어떻게 된 건지 모르겠고, 빛도 하나도 없는 곳에 갇혀버린 상황

이잖아요. 작은애가 너무 울어대는데 순간 젖병을 들고 뛴 게 생각
나서 더듬더듬 찾았더니 손에 잡히더라고요. 젖병을 입으루 빨아
서, 애기 입에다가 넣어주려는데 누운 상태에서 팔이 안 들리는 거
예요. 그런데 그나마도 공간이 있는 샹들리에 밑이 아니었다면 그
냥 죽었겠죠. 그 빈 공간에 샹들리에 철근들이 얽히고설켜서 그 안
에 공간이 생긴 거니까요. 제대로 뛰지도 못했는데 다행이었어요.
샹들리에가 아니었더라면 압사됐겠죠, 그냥.

기억수집가: 큰따님은 옆에 있었나요?

아뇨. 바람에 날아가서 걔는 없어졌어요. 작은애를 진정시키고
나서 우유병으로 샹들리에 봉을 두들기면서 큰애를 불렀어요. "현
정아!" 하니까 뒤에서. "응, 엄마" 하고 대답하는 거예요. 계속 두들
기면서 "소리 나는 쪽으로 와라" 했더니 저한테 왔어요. 왔는데 "엄
마 발 잡아봐" 해도 깜깜해서 안 보이니까 못 잡는 거예요. 애는 계
속 아무거나 잡으면서 "(이거) 엄마 발?" 이러고, 저는 "아니야, 아
니야, 아니야" 이렇게 몇 번을 했어요. 그러다가 어느 순간 현정이
가 제 발을 딱 잡았어요. 그래서 "응, 엄마 발이다!" 그랬더니 정말
고맙게도 애가 침착하게 울지도 않고 그때그때 대처를 잘해주는 거
예요. "안쪽으로 좀 와!" 그랬더니 앞쪽으로도 오더라고요. 그렇게
셋이서 한참을 누워 있는데, 빛이 살짝 보이는 거예요. 안 무너진
쪽의 빛이었던 거죠. 우리가 1층에 있었으니까 그나마 그 빛이 보였

던 거예요. 그래서 현정이보고 "먼저 나가. 빛 저기 보이지?" 그랬더니 "보인다" 하더라고요. "너 먼저 걸어가. 보이니까" 내버려두는 거 보다 먼저 나가는 게 낫겠는 거예요. 그랬더니 "응, 엄마" 그러고고 빛을 고대로 따라 나가더라고요.

기억수집가: 그때 따님이 몇 살이었어요?

네 살. 네 살 땐데 말귀 다 알아들을 때였어요. 저도 나가려는데 어둠 속에서 같이 매몰된 분들이 막 붙잡는 거예요, 같이 나가자고. "저는 애기가 둘이라 지금… 도와드리고 싶은데 어떻게 도와드리지 못한다, 저 나가게 해주세요" 했더니, 그 사람들도 지푸라기라도 잡고 싶은 심정이니까 안 놓는 거예요. (저를 붙잡은) 그분에게도 빛이 보이잖아요. 하지만 옷이나 발이 어딘가에 끼어 있으면 못 나오죠. 나중에는 그냥 놔주시더라고요. 왜 달빛에, 불 끄고 집에 있으면 잔잔하게 보이는 상태 있죠? 그 정도로 빛이 들어왔어요. "아, 이게 사람이구나" 하고 보일 정도였어요. 나가면서 죽은 사람도 봤죠. 구조대원들이 와서 애기들 먼저 구해주고, 저도 구조돼서 '이제 살았구나' 안도의 한숨이 절로 나왔어요.

응급차를 딱 타고 보니까 작은애 다리가 너덜너덜한 거예요. 그때 울음이 나오더라고요. 애기 다리가 부러진 거죠, 넘어지면서. 그런데 너무 감사한 게, 도착한 곳이 뼈 전문 영동세브란스병원이었어요. 내가 원한다고 거기를 가는 게 아니라 차례대로 막 데려간 거였거든요. 마침 영동세브란스병원을 데려가주더라고요. 또 다행인 게 현범이 뼈가 톱니바퀴 모양으로 부러졌으면 장애로 남을 가능성이 컸는데 그냥 똑 부러진 상태였어요. (다리를 다쳤던 현범이가) 지금 정상적으로 생활하니까 그게 제일 감사하죠.

기억수집가: 남편분은 나중에 어떻게 만나셨어요?

남편 동료가 "삼풍 무너졌대" 하는 말에 "장난해? 우리 와이프 거기 있는데" 그랬었대요. 휴대 전화 이런 게 없을 때니까 부랴부랴 TV 자막으로 사고 소식을 봤다고 하더라고요. 은행 동료들하고 오산당병원, 또 어디 병원, 몇 군데 돌아다니다가 나중에 동료분들이 제가 있는 병원을 찾아내서, 남편이 왔는데 저희는 온몸에 하얗게 석면을 뒤집어쓰고 있는 상태였죠.

(제가 다리가 부러진) 작은애 검사를 쫓아다니느라 병원 측에서 큰애 현정이를 데리고 있었나 봐요. 따로 씻기고 할 여유도 없었어요. 나중에 애 아빠가 와서 큰애 얼굴에 허옇게 석면이 덮여 있으니까 손으로 계속 털어줬대요. 아무리 털어도 안 털어지니까 혀로도 닦아줬다고 하더라고요.

"여덟 살은 너무 무력했습니다"

○ 생존자 박민기(가명) 씨

제가 삼풍아파트 7동에 살았는데, 바로 정면에 삼풍백화점이 보였어요. 굉장히 컸고 80년대나 90년대에 그 백화점같이 호화스러운 곳이 없었죠. 가족들이나 친구들과 같이 자주 가서 밥 먹고 쇼핑하는, 그런 곳이었어요. 어릴 때 기억이지만 95년도 전까지는 백화점이라는 이미지보다는 슈퍼 가는 느낌이었어요. 집에서 코앞이니까 어머니께서 항상 장 보시고, 저도 심부름이나 친구들이랑 맛있는 거 먹으러 곧잘 들르는 곳이었죠.

그날도 특별한 목적이 있어서 간 게 아니었어요. 늘 가족끼리 그랬던 것처럼 특별한 일 없이 5층 식당가에서 밥 먹고, 쇼핑하러 갔어요. 제 친척 누나도 같이 동행했고요. 오후 3시쯤이었던 걸로 기억해요. 삼풍백화점 가운데 쪽에 큰 분수대가 있었어요. 늘 그랬던 것처럼 앉아서 소프트아이스크림 먹고, 쉬엄쉬엄 쇼핑했어요. 지하에서 장도 보고. 오후 4시쯤인가 5층 식당가로 갔던 걸로 기억해요. 돈가스 집에 갔는데 아주 조용했고 여느 때하고 똑같았어요, 그냥 평화로웠죠. 그런데 오후 4시 반쯤인가 5시쯤 백화점 관계자처럼 보이는 양복 입은 아저씨들이 분주하게 왔다 갔다 하더라고요. 자기들끼리 모여서 얘기도 하면서. 그걸 보고 에스컬레이터를 타고 내려 왔는데, 그때부터 약간 사람들이 좀 빠르게 우왕좌왕했어요, 오후 5시쯤 때부터. 저는 기억 안 나는데, 나중에 엄마랑 누나가 말씀하시길, 약간 가스 냄새 비슷한 게 났다고 하더라고요. 저는 "건물이 조금 흔들린다"라는 말을 들었어요. 사실 기억이 잘 안 나지만 사람들이 왔다 갔다 했어요. 분위기도 좀 어수선해 바로 내려왔죠.

오후 5시 반쯤 내려왔는데 위층만 어수선하지 아래층은 따로 안내방송도 없었고 별로 개의치 않더라고요. 엄마랑 누나도 "뭐 점검하나?" 이런 정도로 생각했대요. 지하로 내려가 장 보고 맡겨둔 물건들을 찾아 1층으로 올라와서 그 화장품 코너와 분수대를 지나 정문으로 나왔죠. 저는 그게 오후 6시가 되기 전이라고 들었거든요. 그런데 제가 나오고 나서 완전히 정문을 나온 그때, 딱 무너졌죠.

하얀색 연기가, 정말 다 뒤덮었어요. 무너지고 그런 건 그 뒤에 알았어요. 소리가 일단 엄청났고요. 뭐라고 표현을 해야 될까. 약간… 하여튼 너무 정신이 없는데 연기밖에 안 보였어요. 뒤를 돌아보니 건물이 완전히 무너져 있었고요. 저는 크게 다치지 않았는데 저희 사촌누나랑 엄마가 파편에 맞아 좀 심하게 다치셨어요. 그래서 이 인터뷰도 불편해하실 거 같아 저만 단독으로 하게된 것도 있죠.

기억수집가: 백화점이 무너지는 걸 느끼지 못할 정도로 소리가…

진동소리 같은 큰 소리가 났는데 저에게는 일단 앞이 보이지 않는다는 사실이 더 컸어요. 무너진 동시에 연기가 자욱하게 덮였거든요. 땅이 흔들리고 이런 건 당연하죠, 큰 건물이 무너졌으니. 여덟 살 어린 나이였지만 그때 광경은 정말, 별로 기억하고 싶지 않아요. 너무 당황스러웠고… 엄마랑 친척 누나가 쓰러져 계시는데 제가 뭘 할 수는 없으니까 울면서 '살려주세요. 도와주세요' 외쳤어요. 그런데 주위도 어떻게… (도와줄 수 없는 상황이었어요.)

근처 아파트 주민들이 바로 신고도 해주셨어요. 하지만 워낙 급박하게 일어난 사고라 도움을 바로바로 받진 못했어요. 엄마랑 사촌 누나가 조금 오래 방치됐었죠. 워낙 현장에 사람이 많고 구조할 게 많다 보니까 바로 병원에 못 가고 한 30분 이상을 그대로 누워있었어요. (무너진 백화점) 정문 앞에서.

백화점 바로 앞에 삼풍주유소가 있었는데 아빠랑 기름 넣으러 자주 갔었거든요. 제가 주유소까지 걸어가서 물을 달라고 했어요. 물을 갖고 와서 주위 사람들에게도 나눠주고 그랬던 기억이 나요.

기억수집가: 거기서 한 30분 정도 지체하고 병원에는 어떻게 가 시게 됐어요?

병원에는 상처가 심각한 사람들부터 순차적으로 이송된 것 같 았어요. 저희는 정문 근처에 있었으니까 발견되기 쉬웠죠. 건물 잔 해에 깔린 사람들은 발견하기 힘들고 우선 눈에 보이는 사람부터 옮겼던 걸로 기억해요. 저희도 한 30분 정도 있다 구조돼서 병원 응급실에 갔죠. 앰뷸런스는 따로 타고 갔던 걸로 기억해요. 워낙 이 송되는 환자들이 많다 보니 저는 엄마, 사촌 누나와 따로 타고 갔 어요.

지금 서울성모병원 본관은 리모델링해서 크고 깨끗하잖아요? 옛날에는 약간 지저분하고 병실도 굉장히 적었어요. 일단 급한 대 로 병원 정문부터 그 왼쪽 장례식장 있는 데까지 환자들이 밖에서 치료받고, 난리였죠, 병상이 부족하니까…. 뭐 도로에도 환자들이 나와 있었고… 밖에서도 치료를 받았죠. 저도 먼저 도착한 엄마와 사촌 누나를 찾아갔는데 사촌 누나가 의식이 없었어요. 그래서 누 나 먼저 치료받고 엄마는 그래도 의사소통은 되니까 밖에 나와 계 신 상태였어요. 사촌 누나 상태가 좀 심각했었죠.

그 사촌 누나 현재 나이가 40대 초반이신데, 무너진 당일 응급 수술 받고, 3, 4일 뒤에 또 수술을 받으셨어요. 머리를 열어 큰 수술을 받으셨죠. 중환자실에 오래 계셨어요. 지금까지도 계속 크고 작은 수술을 받으시거든요. 당시 한두 달 가까이 강남성모병원에 입원을 하셨던 걸로 기억해요.

사촌 누나는 지금 말은 전혀 못 하시고 눈만 깜박이는 상태이시죠. 눈도 보이고, 아픔도 느끼고 죽이나 미음도 먹을 수는 있고… 고모와 고모부가 계속 돌봐오셨어요. (약간 목이 멤) 왼쪽 눈도 실명됐지만 사람도 알아보시고, 언어로 대화는 불가능하지만 저희들만의 방법으로 대화를 하죠. 말은 못 해도 아는 사람이 오면 좋아서 비명을 지르듯 소리를 내고… 아직까지 사촌누나는 그러고 계시죠.

기억수집가: 가족들하고 이런 얘기를 나누신 적 있으세요?

한 번도 없었어요, 꺼내고 싶지도 않고. 지금도 어른들은 "차라리 그때 천국으로 갔으면 본인도 덜 고통스럽고 가족들도…" 그런 말만 되풀이하세요. 서로 별로 기억하고 싶지도 않아서 딱히 같이 얘기한 적은 없죠.

제가 그때 서원초등학교에 다녔는데 친한 친구들도 많이 희생됐거든요. 교실마다 백합이 놓여 있었어요. 지금도 친한 친구 한 명은 아직까지 이마에 깊은 상처가 있어요. 그 친구랑만 유일하게 이런 얘기를 가끔씩 하지, 아무하고도 그때 얘기를 안 해요. 그 어린

친구들이 희생당한 사실에 가슴이 많이 아팠어요. 같이 백화점에 놀러 다녔던 친한 친구들이었는데, 하루아침에 그렇게 된 게 믿겨지지 않았어요. 저희 반에서는 희생당한 친구가 두 명 있었고요, 다른 반에도 꽤 있었죠. 근처 다른 학교 친구들도 좀 있던 걸로 기억해요. 아주 침울했죠. 수업을 하기는 하는데, 학교를 가기는 가는데, 사고 전처럼 활발한 분위기, 이런 건 없었어요. 추모하는 분위기로⋯. 한 3, 4교시 수업하고 집에 갔던 걸로 기억해요.

사고 이후 저희는 이사를 갔어요. 반포4동, 강남성모병원 뒤쪽으로. 일단은 사고 현장을 벗어나는 게 좋을 것 같아서요. 워낙 서초구에 오래 살아서 아예 다른 곳은 못 가고 '일단 이곳을 좀 벗어나자' 해서 급한 대로 이사부터 갔어요. 학교도 전학 갔죠. 현장을 벗어나면서 사고 후유증을 이겨내기 시작했어요. 잊으려는 노력도 많이 했죠. 엄마랑 누나가 많이 아파 거기에 전념하며 살았어요. 세월이 흐르면서 자연스럽게 잊었다가 또 생각나고, 괴로워하다가 또 잊고, 또 괴로워하고⋯ 끊임없이. 그렇게 학창시절을 보냈던 거 같아요, 저는. 가족들도 그렇고.

그때는 좀 많이 예민했었고 이래서 누가 위로해준다고 찾아와도 사실 저희는 와 닿지 않았어요. 많이들 도와주러 오셨는데, "그냥 저희끼리 이겨내겠다" 그랬어요. 저희는 신앙의 힘으로 이겨낸 게 가장 커요.

저희 어머님은 정신적으로 좀 많이 힘드셨죠. 사이렌 소리에 불안증세, 간질증세를 보였어요. 사고당한 날부터 바로 이사 갈 수는 없잖아요? 바로 집 앞이라서 붕괴 현장에 있는 셈이었어요. 저도 사고 현장을 계속 지켜봤었죠. 엄마는 지금도 약간 후유증이 있으세요. 사람이 많은 곳을 싫어하시고, 헬리콥터 소리나 공사장 근처도 무척 싫어하세요. 그리고 건물 지을 때 페인트칠하기 전에 콘크리트가 그대로 드러나 있잖아요? 그런 거도 좀 많이 불편해하세요. 사고 당시 봤던 모습들이기 때문에. 또 워낙 일상적으로 늘 가던 곳, 친한 사람들과 함께 하던 곳이었기 때문에 트라우마가 크죠. 정신과적인 치료도 받았고 지금까지도 복용하는 약물도 있고….

기억수집가: 사고 이후 삼풍아파트 주변 분위기는 어땠나요?

일단 기자들이 물어보는 게 많아서 그런 게 너무 싫었어요. (삼풍백화점) 전경이 바로 보여서 사람들이 저희 아파트 옥상에 많이 올라가더라고요. 너무 시끄러웠어요. 개인적으로 정신도 없는데 사람 다친 게 뭐 장난도 아니고… 상관없는 사람들도 와서 구경하고 사진 찍고 그러는 게 저는 너무 싫었죠. 뭐 물어보는 것도 싫고. 그때는 그런 거만 보였어요. 저 살던 삼풍아파트 7동도 창문이 많이 깨졌어요. 삼풍백화점 바로 길 건너편이다 보니까 아파트들도 피해가 좀 있었죠.

기억수집가: 사고 20년이 지난 지금 꼭 하고 싶은 이야기가 있으면 이 기회에 한번 들려주셨으면 좋겠어요.

일단은 이렇게 기억을 해주시는 분들이 있다는 것 자체가 좀 족한 거 같아요. 자기 일이 아니니까 (삼풍 참사가 잊혀져 가는 것이) 이해는 되는데 이번 기회에 기억을 좀 해주셨으면 하는, 그저 작은 바람입니다. 별다른 거는 없고, 저는 그거면 충분할 거 같아요.

1995년 서울, 삼풍

○ 생존자 박은희(가명) 씨

　고등학교 졸업하고 스무 살 때 삼풍백화점에 입사했죠. 스물세 살 때 무너졌나 봐요. 4년 정도 근무했거든요. 지하1층 식품매장에 있는 '홈메이드 베이커리' 직영사원이었어요. 당시 강남에는 집에서 빵을 만드는 분들이 꽤 있어 빵 만드는 재료나 물품 매장을 직영으로 운영했거든요. 백화점 A동, B동 중간에 있는 에스컬레이터 타고 지하1층으로 내려오면 바로 보이는 B동 쪽의 매장이었어요. 그 위가 로비예요. 아무것도 없어요. 우리 쪽은 그날 1층 한 층만 무너져 내린 거예요. 지하1층에서 멈췄죠, 제 위에서. 갇혀 있다가 한

2, 30분 있었나? 동굴같이 돼버린 콘크리트 더미 속을 파헤쳐 나왔어요.

기억수집가: 그날 근무를 시작하면서 이상한 징조가 있었나요?

다른 건 모르겠어요. 시간이 오래 지나 기억이 희미하지만 되게 더웠어요. 위 어디서 공사를 하네, 균열이 있어 에어컨을 껐네 어쩌네, 이런 소리를 했었죠. 점심시간 지나도 여전히 더워서, 부채질하고 막 그랬었는데, 동생 하나가 "언니, 화장실 가자" 하고 왔더라고요. "나 지금 바빠서 못 가니까 너 혼자 가" 했는데 그 동생은 결국 화장실 갔을 때 무너져서 죽었어요. 저는 그 동생과 화장실에 가지 않고 매장에 있었어요. 같이 일하는 다른 동생하고 둘이 에스컬레이터를 마주 보면서 서 있었던 것 같아요. 그 에스컬레이터가 상행선, 하행선 같이 있었거든요. 갑자기 무너져 내리니까 그 (공기) 압력 때문에 타고 올라가던 사람들이 다 날아들어 왔어요, 식품 매장으로. 동생하고 저도 확 같이 날아갔죠. 건어물 매장에 냉장고가 두 대 있는데 흔들리는 진동으로 벌어졌어요. 아마 그 사이로 동생하고 내가 날아갔는데, 냉장고가 저희를 덮치고 그 위로 다 무너져 내렸죠.

순간 석면가루로 숨이 확 막혔어요. 조금 지나니 아주 조용해졌었거든요. 무너진 직후는 조용했어요. 조금 지나니까 '야, 누구야, 어딨어? 야! 누구야' 막 서로 찾는 소리가 들렸어요. 저희들도

"너 살았냐? 어떻게 됐냐?", "언니, 뭐냐, 이거 뭐냐?" 이랬죠. 붕괴된 상황인지는 몰랐어요. 어떻게든 나가봐야 할 것 같아서 누가 앞을 뚫어줬나? 여하튼 뚫고 나와 스낵 코너에 꽉 주저앉았어요. 앉아서 매장을 둘러보니 어두컴컴해 아예 아무것도 안 보였어요. 우리는 백화점이 무너졌다는 생각은 전혀 하지 못했어요. 청소하고 다시 일할 생각이었어요. 동료 동생하고 "이거 어떻게 다 치워?", "언니 이거 뭐야? 어떻게 일을 하지" 하는데 갑자기 저희가 뚫고 나온 자리로 피 흘리는 어떤 손님이 뒤따라 나왔어요. 저희가 유니폼을 입고 있으니까 "아가씨들, 나 이거 어떻게 하냐?" 물어보시더라고요. 저희도 잘 모르겠다고 했어요. 슈퍼 쪽으로 가면 직원들이 다닐 수 있는 통로가 있었거든요. 그쪽 계단 타고 올라왔던 것 같아요. 나와서 보니 청소해서 될 일이 아니더라고요.

처음엔 그저 놀랬다가 정신차리고 나서 같이 일했던 동료들이나 직원들을 찾으러 다녔어요. 다 이쪽으로 모이라고 해라, 하면서요. 옥외 주차장이라고 그러죠? 지상에. 그곳에 사람들이 이미 나와 있었어요. 아픈 사람은 누워 있기도 하고, 시간이 좀 지나니 앰뷸런스가 왔어요. 저희도 주차장 바닥에 철퍼덕 앉아 있었죠. 앰뷸런스가 다친 사람들 실으러 오면 피해줬어요. 그 친구들이 먼저 실려가야 하니까. 걸을 수 있는 사람들은 비켜주고 그랬어요. 한참 앉아 있는데 삐삐가 난리가 났죠. 여기저기서 연락 오는데 근방에 전원이 다 끊어져 공중전화도 안 됐던 것 같아요. 저에게 응급차 타고 병원에 가라고 권하는 분도 계셨어요. 몇 바늘씩 꿰매준다고 하더라고요. 그런데 병원에 갈 상황도 아니었던 거 같고, 너무 많은 사람들이 들것에 실려 나오는데 저는 걸어 다닐 수 있으니까 몇 군데 뜯겼다고 병원에 가기가 좀 그랬어요, 어린 생각에.

저희 유니폼이 뭐가 톡 묻으면 쫙 번지는 재질이었어요. 쪼그만 상처에도 피가 막 다 번지는. 제가 그 상태로 집에 갔잖아요, 지하철 타고.

기억수집가: 집에서도 놀라셨을 것 같은데요. 늦게까지 계시다 가셨으니⋯

저의 어머니, 아버지가 어디 놀러 갔다 오시는 길에 꽉 막힌 도로에서 라디오를 듣고 계셨대요. 처음에는 강남의 모 백화점이 지하 몇 층까지 무너져 내렸다는 얘기에 강남에 백화점이 한두 개도 아니고 설마 삼풍이 그랬겠어, 싶으셨대요. 그런데 듣다 보니까 삼풍백화점이더래요. 그때부터 엄마는 얼굴이 하얘져서 어서 강남에 가자, 하셨는데 강남 쪽이 워낙 막혀서 진입조차 못 했다고 하시더라고요.

아빠는 "살아 있으면 집으로 연락할 애니까 일단은 집에 가 있자" 그러셨대요. 아빠가 울고불고 난리치는 엄마를 끌고 그냥 집으로 들어가신 거죠. 그런데 그 당시 전화기에 부재중 전화 녹음되는 거 있었잖아요. 그 녹음 테이프 하나가 '너희 애 어떠냐', '니네 딸 괜찮니?' 하는 다른 사람들 녹음으로 다 끝나 있었대요. 제가 전화

1995년 서울, 삼풍

한 게 녹음이 안 된 거예요. 그래서 엄마는 계속 울면서 바깥에 나갔다 들어왔다 백번도 더 하셨다고 해요. 저는 집 전화기에 녹음을 해놓았으니까 엄마가 덜 걱정하시겠다 싶어서 밤 10시까지 백화점 옥외 주차장에 있다가 왔어요. 아마 부슬부슬 오던 밤비를 맞고 집에 돌아갔었을 거예요. 집에 들어가니까 엄마가 막 우셨어요. 엄마도 울고 나도 울고.

다음 날 아침부터 출근하듯이 사고 현장에 갔어요. 거기를 가야 소식을 듣잖아요. 그때는 인터넷도 없으니까 거기를 가야 누가 구조되어 어느 병원에 갔다더라, 이런 정보를 얻을 수 있었어요. 그래서 그 주차장으로 몇 날 며칠 출근했어요. 어떤 친구가 구조되면 병문안 가고, 장례식도 참석하고 그랬어요. 동생 하나는 한참 있다 나왔어요. 걔가 지하3층 어디 화장실에서 나왔다는 거 같아요. 걔가 거기까지 갔었나 봐요. 한참 이따 그 애 시신이 나왔는데 팔 한쪽이 없어서 장례식을 못 치렀어요. 한 2주 지나서 장례식을 치렀던 걸로 기억해요.

기억수집가: 그때는 상상할 수 없는 충격이었을 것 같아요.

사고 이후 집이 무너져 내릴까 봐 불안해서 잠도 잘 못 자고 지나가는 버스 소리에도 잘 놀랐어요. 차 소리에도 집이 막 울려서 '이거 무너져 내리면 어떻게 해?' 그러면 아빠가 '아이구, 우리는 괜찮아', '그렇게 안 무너진다', '괜찮다' 하고 달래주셨어요.

한동안 죽은 친구들이 꿈에 많이 나왔어요. 그러다가 직장 들어가고 바빠지니 조금씩 잊혀졌는데 트라우마는 아직까지 있어요. 제가 아파트 살거든요. 어디서 쿵 소리가 나면 제일 먼저 반응하는 게 저예요. 저도 잊었다고 생각을 하고 사는 데도 알게 모르게, 불안증이랄까요. 어디 큰 소리가 나면 무너질 것 같아요. 지하철도 가끔 흔들거리면 불안해서 그 자리에 못 서 있어요. '무서워서 못 가겠다' 이런 생각을 남들보다 더 많이 하는 거 같아요. '이게 무너져 내리면 어디로 도망을 가야지' 이런 생각도.

생활이 안 된다, 이 정도는 아닌데 무너질 걸 항상 대비하죠. 어디로 튈까, 그런 생각을 해요. 위에서 뭐만 떨어져도 무서워요. 이게 어쩔 수 없는 거 같아요. 뭐가 흔들리기만 해도 겁나고 바람이 불어서 문 같은 게 꽝 닫혀서 아래층이나 위층이 울리면 '아, 문 좀 잠가놓지' 이런 생각 하죠. 고층도 싫어 못 살겠어요. 어쩌다 한번 누구네 집에 놀러 가면 몰라도 고층에서는 못 살아요.

기억수집가: 개인적으로 삼풍백화점이 어떤 의미였나요?

당시 제가 세 군데 면접보고 다 합격했는데 그중에 골라 간 곳이 삼풍이었어요. 근무 매장이 너무 근사하고 좋았거든요. 직원들 대우도 괜찮고 좋았어요.

언론보도를 보니 삼풍 임원진들은 (백화점이 붕괴될 것을) 알고 있었는데 영업을 강행했네 어쩌네, 이런 얘기가 있더라고요. 그

런데 그분들도 그렇게 무너질 줄 알았겠어요? 그냥 돈 욕심이 많아 매출을 올리려고 영업을 강행하지 않았나 싶어요. 일부러 했을 거라는 생각은 안 해요. 무너져 내린 쪽 반대편에 임원진들 사무실이 있었어요. 그분들이 죽지 않은 건 순전히 운이죠. 그 사람들이 일부러 대피 조치를 취하지 않았다는 주장은 제가 들어도 조금 무리인 거 같아요.

저희 인사과장으로 계신 분들이 살아나온 친구들 취업도 여기저기 많이 시켜주셨어요. 하루아침에 백수가 됐잖아요. 그래서 다들 많이 도와줬던 거 같아요.

1995년 서울, 삼풍

" 진짜 너무, 분노스러워요

○ 생존자 김연수(가명) 씨

애들이 참 어렸어요. 딸 둘이 초등학교 1학년, 3학년이었는데 애들 생각이 많이 나더라고요. 지금 생각하면 애들 때문에 제가 명랑하고 꿋꿋하게 살 수 있었던 것 같아요. 이 전화 (삼풍백화점 참사 구술 요청) 받고 애들한테 얘기했더니 "엄마, 그런 거 왜 하려고 하느냐" 그래요. 그래서 "사실 엄마가 니들 생각해서 산 거다" 그런 얘길 했었거든요. 참… 그래요….

6월 29일이었어요. 당시 제가 다니던 회사에 인사이동이 있어서 직원들끼리 서로 주고받을 조그만 선물을 사려고 퇴근시간 15분 전에 사무실을 나갔어요. 남편도 같은 회사 다녔거든요. 항상 오후 6시 5분에 주차장에서 만나 퇴근했었어요. 고 시간을 맞추려고 15분 전에 나와 삼풍백화점에 갔던 거예요. 그날 점심시간에도 삼풍백화점에 갔었는데 지하 냄새 있죠? 지하실 냄새 같은 게 나더라고요.

그래도 무너지리라는 생각은 누구도 못 했을 거예요. 저도 그랬고. 넥타이 코너에서 넥타이를 하나 샀어요. 또 뭐 좀 볼까 하고 돌아다녔는데, 갑자기 2층 에스컬레이터에서 일가족이 급하게 뛰어내려오는 거예요. 엄마하고 아들하고 딸이 멈춘 에스컬레이터에서 허겁지겁 뛰어내려오더라고요. 그러고 나서 시멘트 바닥에 철제가 부딪히는 소리가 요란하게 울렸어요. 여자들이 소리를 막 질렀어요. '혹시 인질범이 있나?' 생각에 구경하려고 했죠. 그런데 점원들이 잽싸게 뛰어내려오더라고요. 그분들이 어느 정도 내려오니까 갑~자기 바람이 확 불었어요. 토네이도보다도 더 센 바람이요. 그 점원들이 밖으로 뛰어나가길래 저는 영문도 모르지만 그냥 그분들 따라 바깥쪽으로 뛰어 내려갔어요. 그런데 문이 좁아 한계가 있잖아요. 사람들로 문이 꽉 차서 못 내려가는 거예요. 또 바람이 워낙 세게 불다 보니까 이 건물이 무너지는 거예요. 삼풍백화점 입구 왼쪽에 지하 주차장 입구가 있었는데 저는 그쪽 지하로 그냥 떨어져서 파묻혀버렸어요. 파묻혀서 오른쪽 팔만 밖에 나와 있었어요.

건물이 무너질 때 바람이 말도 못하게 셌어요. 소리도 크고 세기도 무척 셌는데, 딱 무너지고 나니 조용하더라고요. 조금 지나니까 여자들 아우성치는 소리가 나는 거예요. 남자들 소리는 별로 못들었는데 여자들이 막 "살려달라!", "나 죽어" 그랬어요. 저도 정신을 바짝 차리고 파묻혀 있는 제 상태를 인지하니 갑자기 애들 생각이 나는 거예요. 큰애, 작은애 생각을 하니까 '내가 죽으면 안 되겠다' 싶었어요. 그저 소리를 지르면 안 되겠더라고요. 몸을 빼보려고 했더니 힘이 쪽 빠지고 안 빠졌어요. 그래도 애들 생각해 마구 후벼 파서 간신히 다리를 빼냈어요. 그런데 몸이 안 나와지는 거예요. 자꾸만 시간은 가지, 피는 뿜어져 나오지, 시간이 오래 지체되면 안 되겠더라고요. 어떻게 해서라도 나가야 한다는 일념 하나로 빠져나왔어요. 그때 아우성치던 그 사람들, 다 구조가 됐는지 모르겠어요. 그렇게 막 소리 지르고 하면 안 되겠더라고요. 지나놓고 생각해보니까…. 그냥 조용히 빨리 빨리 나가는게 상책 같았어요.

밖에 나오니 기운이 빠져 땅바닥에 털썩 주저앉았어요. 길 건너에 삼풍주유소가 있었거든요. 주유소에서 막 봉사 활동하는 사람들이 보이더라고요. 거기 있는 택시가 제 쪽으로 왔어요. 그때 그 택시 지금도 찾아보고 싶더라고요. 고맙게도 택시가 오더니 타라는 거예요. 얼른 탔어요. 살아야 한다는 생각에 뒤도 돌아보지 않고 그냥 탔어요. 뒷자리에 세 명 타고 앞자리에 제가 탔어요. 그런데 교통이 마비됐잖아요, 퇴근 시간이기도 하고 사고 때문이기도 하고. 택시가 못 가는 거예요. 택시 아저씨가 막 경적도 울리고 라이트도 켜고 그러더라고요. 인도에 있던 행인들이 택시 안을 들여다보더니 저희를 보고 화들짝 놀랐어요. 진짜 저희가 불쏘시개처럼 막 먼지 뒤집어쓰고 피 철철 나는 모습이었거든요. 놀라는 그 모습을 제가 기억해요. 그분들이 교통정리를 해주셨고 강남성모병원에 빨리 도착할 수 있었어요.

강남성모병원 응급실에 도착하니 원래 있던 환자분들이 저희들에게 병상을 양보해주더라고요. 저는 낙천적인 편이라 그 상황에서 곧 침착해졌어요. 일단은 내가 여기 살아 있다는 걸 가족에게 알려야 한다, 생각을 정리했어요. 그런데 그때는 휴대 전화가 없었잖아요? 병원 안내데스크에서 집으로 전화를 거는데 계속 통화중인 거예요. 저희가 맞벌이라 집에 있는 딸 둘을 이모가 봐주셨는데, 이모네 집도 통화 중이고, 저희 집도 통화 중인 거예요. 나중에 들었는데 제 이름이 TV 화면에 나왔었대요. 직원들도 그 TV를 보고 병원에 찾아왔고요. 이모에게 계속 연락이 안 되니까 속이 타 죽겠어서 그냥 옆에 있는 아저씨한테 무턱대고 전화번호 알려주고 '전화 좀 해달라' 부탁하고 기다렸어요. 잠시 후 그 아저씨가 '연락 됐어요' 하면서 오시더라고요. 정말 고마웠어요.

그제야 긴장이 풀리고 정신이 드니까 제 모습이 보였어요. 제가 핸드백을 메고 있었는데, 안을 열어보니 내용물은 아무것도 없고, 지퍼 달린 안주머니 있잖아요? 거기 넣어둔 신분증이랑 카드만 있었어요. 피범벅이 된 넥타이는 그냥 버려버렸어요. 신발도 한 짝만 신고 있더라고요. 부끄럽기도 하고…. 직원들이 제 모습 보면 어쩌나, 그런 생각도 들었어요. 그렇게 긴장이 풀리니 비로소 부러진 제 팔에서 피가 뻥뻥 나는 거도 보이더라고요. 머리에서도 피가 나니까 어지러웠어요. 어지러움을 그때 느낀 거예요. 그래서 안 되겠더라고요. 의사 선생님도 와서 '이름이 뭐냐? 생년월일이 어떻게 되느냐' 이런 거 물어보고 갔어요. 또 서초구 새마을부녀회인가 자원봉사하시는 분들도 와서 (제 인적사항을) 물어봤어요. 물어만 보고 처치도 없이 그냥 가더라고요. 그분들도 경황이 없었던 거예요. 워낙 많은 사람이 강남성모병원에 몰리니까 그 사람들도 정신을 못 차리더라고요. 그래서 안 되겠어요. 제가 죽으면 안 되잖아요. 일단 어지러워서 그냥 눈만 감고 있었는데 제 상태가 심상치 않아 보였나 봐요. 그제야 저를 데리고 가서 응급처치 해주더라고요. 그렇게 해서 치료를 받았어요, 제가.

넘쳐나는 환자들을 강남성모병원에서도 다 수용을 못 하다 보니까 분산을 시키려 하더라고요. 그런데 이제는 남편이 안 오는 거예요. 남편이 저를 찾으려고 울면서 삼풍백화점을 계속 빙빙 돌고 있는 것을 누가 봤다는 얘기만 전해 들었어요. 제가 여기 있는 걸 모르고 그렇게 하고 있었던 거예요. 다른 사람들은 보호자가 와서 다른 병원으로 옮기는 상황이었어요. 제 동생들도 제부들이랑 과천, 사당동에서 왔어요. 그런데 남편, 보호자만 안 오니까 너무 신경질이 나더라고요. 한참 있다가 온 남편을 보는 순간 어찌나 눈물이 나던지 '왜 인제 왔느냐' 신경질을 부리면서 울었어요. 제 얼굴을 붙잡고 남편도 막 울었어요. 그러다 주변 직원들이 남편을 저 구석으로 데리고 갔어요. '환자를 너무 흥분시키면 안 되니까 진정하라' 이런 거죠. 남편이 다른 쪽을 보면서 막 우는 걸 보니 어찌나 눈물이 나던지….

저는 윤호병원으로 가게 됐어요. 워낙 대형 사고다 보니 그 병원에서 모든 준비를 갖춰 기다리고 있더라고요. 내과 과장이라는 의사분이 안정을 시켜줬어요. 옷을 찢어서 응급처치하고 의사 세 분이 수술을 해주셨어요. 그래도 막 어지럽고 그러는 거예요. 그런데 그 병원에 CT가 없어서 또 다른 병원으로 옮겨서 그곳에서 CT 촬영하고, 입원해 있다 나왔어요. 보상 문제를 조사하는 손해사정사분이 '아휴, 생존자 중에 정신을 놓은 분들이 많다' 하시더라고요. '불을 켜면 막 구석으로 숨는 사람들이 많다' 저를 보고 이 정도면 다행이라고 위로를 해주더라고요.

기억수집가: 사고 현장에서 빠져나오는 데 시간이 얼마나 걸렸을까요?

3, 40분 정도 걸린 거 같아요. 삼풍백화점 1층의 오른쪽 잡화 코너에서는 골프 용품이나 스포츠 용품을 팔았어요. 저는 왼쪽 코너 넥타이, 허리띠 파는 곳에 있다가 지하 주차장 쪽으로 넘겨박힌 거였죠. 다행히 입구 쪽이었어요. 사람이 그런 일이 닥치면 그냥 살

아야겠다는 생각이 드나 봐요. 문 쪽으로 가야만 살겠다는 생각이
들어서 막 뛰었어요. 저는 눈치가 빨라 그냥 점원들 뛰는 대로 무조
건 따라 뛰어서 그나마 이 정도였지 그렇지 않은 사람은 그냥 다 죽
었을 거 같아요.

기억수집가: 무너지기 전, 전조 현상 같은 건 없었나요?

냄새나는 거 딱 그것밖에 없더라고요. 하수구 냄새가 아니라
지하실에서 나는 냄새 같은 게 있어요. 점심 식사를 하러 1층에 들
어가니까 그 냄새가 확 풍기더라고요. 그리고 어두웠어요. 최소한
의 전기만 켜놔서 어둡더라고요. 분위기가 이상했어요.
저는 앞으로 사고를 생각하지 않고 살려고 해요. 그걸 생각하
면 제 마음이 견디지 못할 것 같아 빨리 잊어야겠다는 생각뿐이었
어요. 그래서 되도록이면 생각 안 해요. 제가 퇴원하고 한동안 백화
점을 못 갔는데 한 번씩 가야 할 일이 생기잖아요. 한번은 남편 차
를 타고 갔는데 괜히 섬뜩하고 가기 싫더라고요. 계단을 가도 지하
실 냄새가 나는 것 같은 느낌이 나는 거예요. 에스컬레이터도 힘들
었어요. 지하철도 승강장 바닥 틈이 있잖아요? 거기 틈으로 쑥 빠
질 것 같은 느낌이 들어 거길 안 밟았어요. 지금도 마찬가지예요.
쑥 빠질 거 같은 생각이 들어서 맨홀도 무의식적으로 안 밟아졌어
요. 한동안 그런 노이로제가 있었는데 되도록이면 생각을 안 하려
고 해요. 나한테 도움이 되는 게 아니잖아요? 그래서 제가 더 빨리

극복한 것 같아요. 제 트라우마는 상처 입은 거에 비해 그렇게 심하지 않았어요. 제 마음가짐 때문이기도 하지만 제 가족이라든가 주위 동료라든가 이런 분들의 도움이 컸던 거 같아요. 사람들이 수시로 찾아와서 재미있는 얘기도 많이 해주고 그랬던 거 같아요. 가족이나 주변 이웃이 아주 중요한 거 같아요.

기억수집가: 저희 전화를 받고 힘드셨을 텐데, 어떤 마음으로 수락해주신 건가요?

'다 지나간 일이고 나도 이제 치유가 됐어' 이런 생각과 '그런 사고가 잊혀지면 좀 그렇지' 하는 생각. 다 잊혀지면 서운할 거 같아요. 이런 대형 사고는 국가 차원에서 기록으로 남겨야 할 것 같다는 생각이 들더라고요, 저도.

그때 성수대교 사건도 있었잖아요? 씨랜드 참사도 있었고요. 삼풍 사고도 참 큰 사고였어요. 진짜 그때 삼풍백화점이 얼마나 고급백화점이었어요? 그런 백화점이 무너지리라고 누가 생각했겠어요? 잊혀지면 안 될 것 같은데 기록에 남긴다니까 고마운 생각이 들더라고요.

하고 싶은 얘기는 정부한테 하고 싶죠. 그런 대형 사고가 그 이후로 얼마나 많이 났어요. 그것을 관리·감독하는 사람들이 공무원이잖아요. 공무원들이 진짜 소신을 갖고 일을 했으면 좋겠어요. 이번에 세월호 참사도 있었고, 무슨 공연장 사건(2014년 판교 환풍구 붕괴사고) 있었잖아요? 그런 사고가 계속되는 게 저는 진짜 너무 분노스럽다, 라고 표현해야 할까요.

주변에서 무슨 공사나 집수리하는 걸 보면 설렁설렁 하는 것 같아요. 대충대충. 그런 게 어떻게 안 고쳐지나 싶은 게 우리나라 국민성이 그런가 싶기도 하고요. 사고를 당해본 사람은 조심스럽고 그런데…. 사람들이 더 꼼꼼하게 책임과 의무를 다하는 그런 자세가 됐으면 좋겠어요. 주인의식을 가지고 일을 해야 할 것 같아요.

" 자식들은 모릅니다

○ 생존자 주성근 씨

술자리에서 간혹 삼풍백화점에서 어떻게 살 수 있었냐, 이런 걸 물어올 때가 있어요. 글을 쓰는 한 후배가 희곡 하나를 썼는데 제가 제작을 맡게 됐어요. 내용을 보니 삼풍 사고예요. 깜짝 놀라 '너 지금 나 사고 난 거에 대해서 글을 쓴 거냐' 물으니까 아니래요. 모르고 썼대요. 인연인가 싶어 그거를 가지고 연극을 제작을 했었어요, 2004년에.

제가 사고 나고 1년 후에 결혼했거든요. 집사람은 몰랐어요, 제가 삼풍 사고 생존자인지. 나중에 알겠지 싶었어요. 그게 뭐 자랑거

리도 아니고, 큰애가 지금 고1이거든요 아직도 몰라요. 초등학교 5
학년 둘째 딸내미한테도 여태 말 안 했어요, 제가 삼풍백화점의 생
존자라고. 어떻게 보면 부끄러운 일이잖아요, 자랑거리가 아니니
까. 제가 (삼풍백화점에 있던) 삼풍아트홀, 거기 감독으로 입사해
서 나중에는 관장으로 있었거든요. 한 번 퇴사했다가 재입사했었
죠. 저희 직원들은 지하로 다녔었어요. 직원들 출입문이 따로 있었
죠. 정문은 백화점 개장할 때만 열잖아요. 재입사한 뒤, 여느 때처
럼 지하 출입문으로 출근하는데 어느 순간 공간이 좀 넓어진 것 같
은 거예요. '어, 이상한데. 왜 이렇게 넓어졌지?' 생각했는데 아, 기
둥이 없는 거예요. 몇 개가. 주차장 기둥 있잖아요. '어? 넓어져서
좋기는 좋다' 생각했어요.

기억수집가: 그때가 언제쯤인가요?

제가 첫 입사한 게 1992년이에요. 1993년에 퇴사했다가 1994
년 10월 달에 재입사를 했습니다. 한 1년 5, 6개월 있다가 1995년도
에 무너졌지만.

기억수집가: 삼풍아트홀은 소극장이었던 거죠?

중극장이죠. 객석이 800석까지 되니까. 당시로서는 최첨단시
설이었어요. 다목적홀로 지어놨거든요. 일반적으로 극장에 가면,

무대가 한쪽에 고정돼 있고 게스트도 고정이 돼 있잖아요. 그런데 거기는 사각 어느 부분이든 무대 방향을 얼마든지 바꿀 수 있는 그런 공간이었어요. 천장에 달린 조명도 방송국 식으로 지어놨어요. 어느 쪽 방향이든 조명이 다 비춰질 수 있게끔. 그 당시 조명만 10억을 들였다고 했어요. 보통 한 2, 3억 들이는 공사에 10억 정도 들였다는 건 돈을 엄청 많이 들인 거죠. 무대도 조립식이거든요. 일본에서 수입한 건데, 유일하게 삼풍아트홀만 그 조립식 무대를 썼어요. 조립도 빠르고 세팅, 철수를 빨리빨리 할 수 있을 만큼 무게도 가볍고 무대 높이도 원하는 대로 조정할 수 있게 돼 있었어요. 바닥은 소음까지 고려한 특수 고무판으로 돼 있었죠.

기억수집가: 삼풍아트홀 무대가 4층이었나요?

극장은 그렇죠. 무대는 4층, 관객도 4층. 음향·조명 컨트롤하는 조종실은 5층에 있었어요. 높이가 한 5.5미터 됐을 거예요. 높아야 공연을 하잖아요. 그래서 4, 5층을 터놨어요. 1992년도에는 거기서 MBC 라디오 〈2시의 데이트 김기덕〉도 했죠. 보조 MC가 김성령이었어요. 그때가 '서태지와 아이들'이 데뷔하고 '노이즈', 하수빈, 그런 스타들이 막 나올 때였어요. 시설도 다 좋았어요. 방송국에서는 거의 몸만 왔죠. 삼풍아트홀 방송시스템이 워낙 잘돼 있어. 저희들이 준비를 해주면 방송국은 테스트만 하고 바로 공개방송 들어갈 수 있었어요. 아동극이나 연극도 했는데 저 있을 때 연극이 두 개,

세 개 정도 했나? 가장 괜찮았던 작품 중 하나가 〈길〉이었는데 여자 주인공을 배종옥이 했죠. 그런 작품을 삼풍에서 했었어요.

기억수집가: 다시 참사 당일로 돌아가서, 그때 혹시 전조 현상 같은 것은 없었나요?

오후 4시에 후배 두 명이 왔어요. 제가 밥을 사줬죠. 백화점 5층 식당가에 가서 같이 밥 먹고 그리고 5시 조금 안 됐나? 분장이나 다른 준비를 해야 하니까 같이 지하철역으로 내려가서 배웅하고 다시 올라왔죠. 들어왔는데 갑자기 더운 거예요. "왜 이리 더워?" 이랬더니 매장 직원들이 "그러게요" 그러더라고요. 공조실로 전화해봤죠, "이거 왜 이리 덥냐" 기계가 고장이 났대요. 그래서 "아, 그러냐" 하고 저는 사무실로 올라왔죠. 올라와 있다가 저희 인사과, 총무과 쪽에서 전화가 왔는데 기둥에 거는 고리를 빌려달라는 거예요. 그래서 핸드카 같은 것에 실어가지고 갔죠. 4층하고 5층 영업을 안 한다는 안내문을 에스컬레이터에 설치하는 일을 도와주고 사무실로 돌아왔는데 5층 저희 부서에서 잠시 와달라고 또 전화가 온 거예요. 그래서 알았다 하고 갔어요. 위에 5층 천장이 유리 돔으로 돼 있었거든요. 그런데 그때부터 유리가 깨지기 시작했죠. 영화같이 막 금이 가면서. 5층 식당에서 일하는 분들이 막 뛰어왔어요. 그쪽이 무너지기 시작하는 쪽이었던 거예요. 저는 돌아서서 다시 들어온 다음에 직원들한테 "야" 이러는데 갑자기 '꽝' 하고 정전이 되면서 무너졌어요.

제가 특수부대 출신이거든요. 사람은 머리가 무겁기 때문에 떨어질 때 머리가 먼저 떨어져요. 삼풍이 일반 아파트의 8층 높이 정도 돼요, 층수는 5층밖에 안 되지만. 바로 옆 삼풍아파트에서 보면 8층 높이였어요. 그만큼 높기 때문에 떨어질 때 머리를 살짝 뒤로 제껴야 한다고 생각했어요. 그래야 떨어지더라도 발부터 떨어지죠. 떨어지기 전에는 최대한 벽으로 붙어 있어야 해요, 안 무너지는 쪽으로. 최대한 늦게 떨어져야 하는 거죠. 빨리 떨어지면 위에서 떨어지는 콘크리트라든지 철근을 맞을 가능성이 커져 문제가 될 거 아닙니까? 아니면 책상 밑에 들어가는 것도 좋죠. 그런데 저는 서서 이야기하던 도중이라 그럴 수는 없었어요. 같은 직원 중 한 명은 책상 밑에 들어갔고요.

눈을 뜨니 어두운 하늘이 보이더라고요. 시간이 많이 흘렀다는 얘기죠. 위험하니 다들 구경만 하는 눈치였어요. 이리이리 손짓해도 눈에 안 들어왔나 봐요. 그때는 소방관 아무도 안 왔을 때니까. 백화점 안에 은행이 하나 있었어요. 그쪽을 보니 얘네들은 일렬로 줄서서 자루에 돈 꺼내기 바쁘고. (웃음) 직원들 자기네들 할 일이니까. 그런 모습이 보이고, 여기는 불러도 아무도 안 와요. 어떻게 보면 다들 정신이 없겠죠. 불러도 그냥 쳐다만 보고 그냥 가길래 안 되겠다 싶어서 저는 기어서 나왔어요. 그런데 일어설 수가 없는 거예요. 허리뼈가 부러진 거죠. 다들 건너편에서 구경했어요. 또 무너질 수도 있으니까 사법연수원 앞에 모여 있더라고요. 제가 손짓을 했죠. 그랬더니 젊은 친구들이 오더라고요. 그렇게 해서 경찰차를 탔어요. 원래는 허리가 부러지면 누워서 가야 돼요. 잘못하면 하반신 마비가 오잖아요. 어쨌든 그 상태로 도착하니 살았다는 안도감에 기절했어요.

저는 다음 날 깨어난 줄 알았는데 한 일주일 동안 중환자실에서 혼수상태로 있었대요. 후유증으로 말이 빨라졌어요. 빨리 흥분을 하는 거죠. 급해지는 거예요, 마음이. 말이 많아졌대요. 사실 제가 별로 말이 없었는데 어릴 때 친구들이 절 보면 깜짝 놀라요. 요즘은 악몽을 안 꾸는데, 처음 한 5년, 8년 정도 진짜 힘들었어요. 아직도 잘 때 몸에 힘을 주고 잔대요. 그래서 일어나면 몸이 안 좋아요. 편안하게 못 잔거죠. 그래서 어쩔 때는 두 번 자요. 깨고 다시 편안하게 한 번 더 다시 자는 거예요. 그래서 대체로 오전에 잠을 잡니다. 집에 들어오면 12시고 밤늦게까지 공연도 하니까요. 한의학적으로 치료를 하려다가, 너무 약물에 의존하는 것 같아 스스로 이겨내 보려 하고 있습니다.

기억수집가: 사고 현장에서 처음 정신을 차리셨을 때 동료분들도 같이 쓰러져 있었던 건가요?

아니요. 함께 일하던 직원이랑 같이 떨어졌는데 눈 떴을 때는 아무도 없었어요. 높은 데서 떨어질 때 바람이 샌드위치같이 탁 눌려버리면서 공기가 순간적으로 태풍같이 확 빠져나가요. 건물 안에

서 날아가다가 공기가 다 나가버렸잖아요, 그럼 다시 공기가 혹 들어와요. 그러면 역으로 사람이 또 날아와요. 그래서 서로 어디로 갔는지도 모르는 거죠. 눈 떴을 때 저밖에 없었어요, 주위에. 아마 다 날아갔다고 봐야 되겠죠.

떨어지면서 정신을 절대 안 잃으려고 했는데 한순간 탁 정신을 잃어버렸어요. 그리고 눈을 딱 떴을 때 어두웠다고 했잖아요. 뉴스에서 붕괴 시각이 6월 29일 오후 5시 57분인가, 그래요. 6월 달이면 그 시간에 노을이 있다든지 좀 밝아야 되는데, 어두웠어요. 아마 한 30분이나 1시간 정도 정신을 잃었나 봐요. 눈을 떴을 때 사실 제 모습을 보기 싫었어요. 마비가 돼 있었거든요. 사고가 난 직후에는 내가 팔이 잘렸는지 다리가 잘렸는지 못 느낀다잖아요. 손도 돌려보고 다리도 돌려보고 눈도 보이고 해서 '아, 다행이다. 나가자' 하고 일어서려고 하는데, 허리가 나가서 꼼짝을 못 했던 거죠.

기억수집가: 입원 후 상황은 기억이 좀 나세요?

강남성모병원에 도착했는데 (같이 온 경찰이) 잠시만 기다리라고 하고 차에서 내려서 가더라고요. 전쟁 영화처럼 다들 서로 부축하면서 엄청나게 많은 사람들이 응급실로 들어가고 있었어요. 나만 다친 게 아니긴 하지만 의사나 누군가가 와야 하잖아요. 그런데 이렇게 많은 사람이 들어가는 상황에서 의료진이 안 올 거 같은 거예요. 온다고 해도 한 2, 30분 있다가 올 것 같은데 이러다가 죽겠지

싫었어요. 그래서 '안 되겠다. 내려야겠다' 싶어서 차 문을 열려고 보니 문을 여는 게 앞자리에 있었어요. 이것도 여는 데 2, 3분 걸렸어요.

응급실 입구에 앞에 한 여자가 우리 삼풍 직원 옷을 입고 있더라고요. (삼풍백화점 직원이) 남자가 100명, 여자가 한 700명, 이래 됐고 웬만한 (여자 직원이) 저를 다 아니까. 가까이 가서 씩~ 웃었어요. 그런데 이 여자분이 저를 이상한 사람으로 본 거예요. 당연히 제가 아는 직원인 줄 알고 반가워서 좀 도와달라고 베시시 웃은 건데 절 정신 나간 사람으로 보고 도망을 간 거죠. 미안해져서 고개를 돌렸는데 우리 경리과 직원이 있는 거예요. 저보다 조금 어린 후배가 "어, 선배님!" 그랬어요. 그래서 "어 그래, 나 누워야 할 것 같아" 하고 도움을 청했어요. 침대가 다 찼었는데 걔가 어디서 매트리스 하나 가지고 와서 저를 눕혀주고 갔어요. 매트리스에 누워 있는데 모두 제 침대만 보고 가는 거 같은 거예요. 안 되겠다 싶어서 의료진 발자국 소리만 나면 다리를 탁 먼저 잡았어요, 나 좀 봐달라고 낚아챈 거죠. 의사가 제 눈을 보더니 "아, 아, 눈뜨지 마세요" 그러더라고요. 눈알에 스크래치가 나고 긁혀서 피멍이 들 정도로 너무 뻘겋다는 거예요. 그 진단만 하고 다시 가버렸어요. 저는 또 발자국 소리 나면 무조건 그 사람을 잡았어요. 이 의사가 눈을 뜨라는 거예요. 아까 다른 의사가 눈 뜨지 말라고 했다고 했는데, 에이 눈 뜨라는 거예요. 그래서 눈 떴어요. 그랬더니 앗, 또 눈 감으래요. "그러니까 아까 눈 뜨지 말랬다니까. 왜 또 눈 떴다가 감으라고 해, 씨"

그러기를 한 서너 번을 했어요.

시간이 좀 지나서 저를 침대에 눕히더라고요. 그때 침대가 좀 비었겠죠. 다른 환자들은 병실이나 다른 병원으로 갔나 봐요. 정식으로 몸 체크를 했어요. 1시간 넘게 거의 방치돼 있을 때 저는 스스로 진단을 하고 있었어요. 머리가 뜨끈뜨끈한 걸 보니까 머리 찢어진 것 같고, 허리는 당연히 부러졌고. 의사에게도 이런 식으로 제 증상을 미리 다 말했어요. 너무 답답하고 빨리빨리 나를 체크를 안 해주니까요. 그러고 기절을 했대요, 제가.

맨 처음에 진짜 힘들었거든요. 밤만 되면 병원 침대가 한쪽으로 쏠리는 느낌. (삼풍백화점이) 무너질 때 한쪽으로 쏠려 무너져서 그런지 침대가 자꾸 굴러가는 느낌이 들었어요. 그래서 안 굴러가려고 침대에 힘을 줬어요. 혼자 착란 상태에 빠져 제가 이상한 걸 수도 있으니까 주위 사람을 자꾸 봤어요. 다른 침대가 가만히 있으면 나도 가만히 있는 거구나. '아, 건물이 안 무너지고 있구나' 확인하는 거죠. 가끔 먼저 간 친구들을 생각해요. '너희들이 못다 한 삶을 내가 살고 있다', '너희가 항상 내 옆에 있다' 하면서요. 걔네들의 마음, 제가 알고 있는 마음. 삼풍아트홀 시절 (동료들의) 착한 마음이 지금도 함께한다고 생각해요, 저는. 그렇다고 뭐 헛것을 보는 건 아니고. 그 친구들한테 안 부끄럽게 산다, 그런 마음으로 살고 있어요.

3장 남겨진 사람들

: 유가족의 기억

" 손가락, 발가락을 붙들고 울었어요

○ 유가족 조종규 씨

제가 94년도 분당으로 이사 오기 전에는 가족들과 서울 마천동에 살았어요. 여동생은 그 마천동 집에 엄마하고 계속 살다가 삼풍백화점에 입사했죠. 매장 점원으로 있었던 걸로 알아요.

여동생은 사고 나기 열흘 전에 결혼했어요. 사고 났을 때도 근무하러 간 게 아니고 자기가 다니던 회사니까 신혼여행 갔다 와서 후배들하고 사장님한테 인사하러 갔던 것 같아요. 어떻게 하다가 거기서 사고를 당했는지 모르겠는데 들리는 얘기로는, 여동생 후배가 간식을 먹으러 갈 때 잠깐 매장 좀 봐달라고 했나 봐요. 그 도중에 사고가 난 것 같더라고요.

기억수집가: 그럼 6월 29일, 사고 소식을 어떻게 듣고 현장에 가게 되셨어요?

제가 자동차 에어컨 전문 수리를 해요. 그때가 장마철이고 상당히 무더웠죠. 일을 하고 있는데 제 안사람이 삼풍백화점이 무너졌다고 하는 거예요. 처음에는 여동생 예전 직장인 걸 기억 못 했어요. '사람들 많이 안 다쳤나' 했는데 조금 뒤, 여동생이 거기 근무했던 게 어떻게 기억났나 봐요. 그때부터 안절부절 난리가 났죠. 처음에는 시집갔으니까 거기 없겠지, 안심했는데 나중에 매제한테서 연락왔어요. 여동생이 백화점에 갔다, 얘기를 듣고부터는 거의 정신이 없었어요. 하던 일을 부랴부랴 정리하고 저녁 7시 조금 넘어서 현장에 갔을 거예요. 갔는데 경찰이 통제를 하더라고요. 멀찌감치서 발만 동동 굴렀어요.

사고 현장은 정말 폭격 맞은 것 같았죠. 먼지인지 연기 같은 게 나왔어요. 건물이 무너지면서 화재가 났나 봐요. 불꽃은 없는데 아마 연기 때문에 119구조대원분들이 소방호스로 물을 뿌리는 것 같았어요. 기억이 확실하지는 않지만…. 119구조대원분들이 아주 분주하게 움직이고 있었어요.

사고 직후라 실종자 가족 대기실 같은 건 없었고, 서울시 당국도 갑작스러운 대형 사고에 어떻게 갈피를 못 잡는 상황이었어요.

경찰도, 소방대원도, 소방서도, 서울시도. 워낙 큰 건물이 무너져 버리니까요. 저희도 붕괴 현장에 들어가 구조하고 싶었는데 일단 통제하니까 못 들어가고 현장 주변을 여기저기 쏘다녔어요.

건물이 무너진 모양을 보고 '거의 다 죽었다. 저거는 희망이 없다' 그런 생각이 들더라고요. 처음에는 한 가닥 희망이라도 갖고 갔는데 너무 처참하게 무너진 것을 보고… 건물이 무너졌다고 해서 그냥 비스듬하게 무너진 건물 상상하고 갔는데 이거는 그냥 떡시루처럼 차곡차곡 위에서부터 지하로 푹 꺼져버렸으니까요. 현장을 보니 희망이 없더라고요, 희망이.

'저기에서 살아남는다는 것은 진짜 천운이겠구나', '몇백 명이 저 안에 있는지 모르겠지만 살아올 수가 없겠구나' 하는 생각이 들었어요. '이건 아니다' 싶었죠. 가족끼리 의논을 했는데, 모두 똑같은 생각이었어요.

처음에는 구조대 측에서 시신을 강남 가까운 병원으로 이송했어요. 그런데 그 병원들 안치실이 다 차니까 시신들이 서울 시내 병원 곳곳으로 이송되는 거예요. 그래서 이제 병원 방방곡곡을 찾아다니기 시작한 거죠. 병원마다 가서 몇 살 정도 먹어 보이는 여동생인데 사고 났다, 시신 좀 볼 수 있느냐, 그러면서 시신을 봤죠.

기억수집가: 사고 현장에서 시신에 관한 정보를 얻을 수 없었기 때문에 여러 병원을 전전하셨던 건가요?

어떻게 보면 컨트롤타워가 없었던 거죠. 물론 사고 직후 유가족이라는 개념이 아직 없었지만 저희는 이미 스스로 유가족이라고 생각하고 있었어요. '아, 이거는 도저히 살 수가 없다' 하고. 도착한 병원에 여자 시신이 들어왔다, 그러면 당장 안치실에 가서 봤어요. 사람이 살아 있을 적 긴 머리카락 찰랑거리면서 걸어 다니는 아가씨들 참 이쁘잖아요. 그런데 사고로 비참하게 죽은 젊은 여성 시신은 남자 아니고는 볼 수가 없어요, 여자분들은 기절해요. 안타까운 것이 그래도 남자들이 있는 가족은 좀 덜하죠. 여자들만 있는 가족이 왔을 땐 그걸 보지를 못 하는 거예요. 그런데 가족이 사망자를 봐야 내 가족이냐 아니냐 알 수가 있잖아요. 누가 대신 와서 알 수가 없잖아요. 남자들도 안치실 가서 열어보면 그냥 막 흐~ 이렇게 돼버리니까요. 너무 힘든 거예요. 그런 식으로 이제 병원을 찾아다니는 거지….

저희들이 팔 남매였는데 큰 형님은 시골에 계셨고, (희생된) 여동생이 막내였거든요. 대전에서 누님이 오셨어요. 또 나머지 식구들이 병원을 나눠서 세 명씩 시신 확인을 했어요. 그런데 남자들만 가서 봐야 하는데, 그날 (속옷을) 뭘 입었는지 모르잖아요. 유니폼 입고 사망하신 분들도 많이 있고 그랬는데, 속옷 같은 걸로 확인해야 했어요. 그래서 나중에는 안 되겠다, 다시 합류해서 다 같이 병원을 돌아다녔어요.

지금처럼 내비게이션에 병원 이름 쳐서 딱딱 길 찾아가는 게 아니고, 실종자 가족들끼리 모여 '우리 어디 병원을 갑시다. 여기 가까운 병원이 어디 있으니까 어디를 갑시다' 이런 식이었어요. 서울시라든가 아니면 삼풍백화점이라든가, 아니면 119종합센터라든가 경찰이라든가 그런 곳에서 정보를 줄 수가 없는 상황이었어요. 그때 당시는요. 아까 말씀드린 것처럼 컨트롤타워가 없기 때문에.

기억수집가: 얼마 동안 그렇게 병원을 전전하셨나요?

3일인가 4일 다녔어요. 나중에는 전농동, 동대문구까지 시신을 안치시켰더라고요. 그래서 그쪽에 갔는데, 사람이 희한해요. 병원에서 안내해주는 분 말이 여동생 인상착의와 같은 시신이 있다는 거예요, 그래서 봤는데 시신 머리가 헝클어져 있으니까 맞는 것도 같고 아닌 것도 같은 거예요. 70프로 정도는 아니다, 이렇게 마음이 기울었어요. 한 번 본 게 아니고 계속 봤어요. 장갑을 끼고 얼굴을 만지면서 봤는데, 온몸에 상처가 나고 붓고 그러니까 구별이 안 되는 거요. 자연사였으면 우리가 딱 봤을 적에 아, 이게 누구다, 라는 걸 알 수 있는데 사고로 죽어버리니까 진짜 비참하더라고 그게.

결국 여동생이 맞다고 결론을 내리고, 제사상을 차렸어요. 과일 같은 거 놓고 단지 사진만 안 났다 뿐이지, 가족끼리 앉아서 문상을 받으려고 한 거죠. 그랬는데 어느 부부가 오더니 그 시신이 자기 딸이라는 거예요. 그래서 다시 가서 보니까 진짜 아닌 것 같아요, 또. 그래서 우리끼리 또 희망을 가졌죠. 야, 우리는 동생이 죽었다고 생각해 제사상까지 차렸는데 이게 아니라니까 한 가닥 희망을 걸어보자. 여동생이 살아 있을 수도 있다, 해서 또 그 현장으로 간 거죠. 그런데 현장에서는 여전히 사망자들만 나오고 생존자는 나오지 않으니까 다시 시신 확인하러 병원으로 가는 거죠. 그런 거를 한 3일인가 4일 더 했어요.

제가 아마 평생 볼 시신을 다 본 것 같아요. 평생 봐도 그거만큼은 못 보죠. 일단 시신을 하나하나 다 확인해야 하니까요. 그때는 DNA검사라든가 이런 것이 없으니까, 일일이 다 확인을 하는 거죠. 제가 몇 구를 봤는지 모르겠어요. 하여튼 셀 수 없이 봤으니까요.

기억수집가: 아까 전농동에 있는 병원에 안치된 시신이 여동생인 것 같아서 상을 치르려 했는데 어떤 부부가 그분들 딸이라고 말씀하셨잖아요. 그분들은 어떻게 본인 딸이라고 확신을 하신 건가요?

저희가 여쭤봤어요. 사실은 우리도 100프로 확신은 못 했다, 그런데 어떤 걸 보고서 댁의 따님이라고 생각을 하십니까, 그랬더니 속옷 있잖아요, 그걸 근거로 얘기를 허더라고요. 우리는 여동생이 어떤 옷을 입고 나갔는지 몰랐고…

제가 지금 장소는 기억이 안 나는데 어딘가 모여가지고 정보를 받았어요. 나중에 서울교대 체육관으로 실종자 가족들이 다 모였고요. (사고 이틀째인 1995년 7월 1일부터 서울시는 서울교육대학교 체육관에 실종자 가족 대기실을 마련했습니다.) 자리 펴놓고 한 자리에 한 가족씩 앉는 거죠. 거기서 DNA검사라도 해야 한다, 이런 이야기가 나왔어요. 실제로 시신이 바뀐 채 화장을 한 가족도 있었어요. 장례를 치렀는데, 나중에 진짜 가족의 시신이 나온 거예요, 진짜 가족이. 그런 경우가 있었어요. 그래서 이거는 체계적으로 해야 한다, 의견이 모아졌어요. 가족들의 머리카락, 피를 채취해서 DNA검사로 들어간 거죠. 그런데도 여동생 시신이 안 나오는 거예요. 나중에 건물 지하까지 싹 정리가 됐는데도 안 나왔어요. 그래서 저희가 계속 참사 현장에 머물렀던 거예요. 나중에 9월 달쯤 되니까 실종자 가족들도 얼마 안 남았어요. 무너진 건물의 지하까지 다 팠는데도 시신이 안 나오니까 '자, 그러면 (건물 잔해를 치우는 과정에서) 시신이 훼손된 걸 수도 있다. 그러면 이 잔해를 버린 데가 있을 것 아니냐?' 사실 저희가 잔해를 가까운 데다 버리라고 했는데 버릴 데가 없으니까 난지도에 갖다 버린 거예요, 그거를. (호느끼기 시작. 일시 중단됨.) (1995년 7월 18일 시신 없는 실종자의 수가 200명으로 추정되자 서울시 사고대책본부는 실종자 가족들이 삼풍백화점 잔해가 있는 난지도를 직접 수색할 수 있도록 지원했습니다.)

그럼 난지도로 가자. 난지도로 가서 죽은 가족 뼈라도 찾아야 할 거 아니냐, 그래서 난지도로 간 거예요. 우리 유가족들이 난지도에 가서 시멘트 더미를 하나하나 다 손으로 끄집어냈죠. 손가락도 나오고 발가락도 나오고, 심지어는 (흐느낌) 발목도 나오는 거예요. 그걸 버렸다고요. 실종자 가족들은 그걸 붙잡고 얼마나 울었는지 몰라요. 내 가족일 수도 있으니까. (계속 흐느낌) 그걸 잘 모아 모셔온 거예요. 참 기가 막히죠, 실종자 가족들이 그걸 보는 순간 얼마나 기가 막히겠습니까? 나중에 그걸 화장했어요. 또 DNA검사해서 시신 일부라도 찾은 분들도 있었어요. 참 감사하죠.

그러다 여자 시신 한 구가 화두에 올랐어요. 서로 내 딸이다, 내 누나다, 내 여동생이다, 그랬죠. 실종자 가족들은 다 DNA검사에 기대를 허는 거죠. DNA 대조하려고 검사도 했어요. 나중에 누님들이 가서 시신 발바닥을 보니 저희 여동생이라는 거예요. 여동생은 다행히 머리 일부분만 눌려서 죽었다고 하더라고요. 참 어떻게 보면 큰 고통 안 당하고 사망을 헌 거죠. DNA검사와 발을 보고 내 여동생이다, 판가름됐어요. 거의 9월 중순 넘어서 장례를 치렀어요. 송파경찰병원으로 시신을 운구한 뒤 거기서 장례를 치른 거죠. 참 기가 막히죠. 결혼하고 열흘 만에 그리 됐으니. 신랑 되는 사람도 그렇지만 우리 가족은 또, 우리 어머니가 얼마나 기가 막히겠습니까? 그렇게 해서 장례를 치른 거죠… 아, 힘드네요. (웃음)

1995년 서울, 삼풍

기억수집가: 힘든 이야기인데, 인터뷰하신다고 직접 전화를 주셨
네요….

20년이 지난 이 얘기를 해야 하는 건가 싶었지만, 어떻게 보면
고맙더라고요. 왜냐하면 관심을 가진다는 거, 20년이 지났는데도
이렇게 관심을 가져준다는 것이 유가족 한 사람으로서 고마웠어요.
매년 6월 29일이 되면 생각나요. '오빠가 20년이 지나도 너를
이렇게 생각한다' 하면서. (오랫동안 침묵, 흐느낌) 나중에 세월이 흘렀을
적에 삼풍백화점 사고가 이렇게 발생했고 또 남은 가족들이 얼마
만한 고통 속에서 세월을 살았구나, 라는 것. 누군가는 얘기해야 할
것 같더라고요. 그래서 제가 마음이 움직였던 거죠. 그래서 전화를
드렸던 겁니다.

기억수집가: 사고 이후 서울교대 체육관에서 다른 가족분들과 어
떻게 지내셨는지요?

사고 소식을 처음 들었을 때는 그래도 희망이라는 게 있잖습
니까? 현장을 보는 순간 아, 희망이 진짜 거의 없더라고요. 그런데
도 마음속으로는 1프로 아니면 0.01프로라도 희망을 한번 가져보
자, 라고 하면서 배회하다가 시간이 계속 흐르는 거 아닙니까? 첫
날, 이튿날 그 다음에 사흘, 나흘, 시간이 지나잖아요. 사람이 이제
희망이 없어져버려요. 처음에는 장애인이 되더라도 살아만 있어다

오, 하면서 희망을 거는데 하루 지나면 희망이 그만큼 없어지는 거예요.

세월호 때 보셨죠? 부모님들, 가족들, 두 손 모아서 기도하는 모습 보셨죠? 그리고 발 구르는 것 보셨습니까? 그리고 몸부림치는 것 보셨습니까? 똑같아요. 자동으로 하느님이 찾아지더라고요. '하느님, 제발 이번 한 번만, 이번 한 번만 여동생 좀 살아나올 수 있게 해주십시오' 따뜻한 피가 흐르는 몸을 한번 만질 수 있게끔 해달라고 기도가 자연적으로 됩니다…. 왔다 갔다 허다가 한 일주일 지나니까요, 완전히 포기가 되는 거예요. 사람들이. 모든 것이 포기돼요. 현장에도 더 이상 안 가고 서울교대 실종자 가족 대기실, 거기에서 실종자 가족들끼리 얘기를 허는 거죠. 댁의 가족은 누구십니까? 누가 실종이 됐길래 여기 오셨습니까? 그러면, 딸입니다. 아들입니다. 또 부인입니다. 남편입니다. 또 거기에 어떤 물건을 사러갔는데 지금 나오질 않고 있습니다. 사연이 많죠. 그런 얘기를 허면서 거기 대기실에서 기다리는 거예요.

그러다가 옆에 있는 가족이 시신을 찾고 체육관을 떠날 적에는 정말 부러웠어요. 지금 세월호도 시신 못 찾은 분들이 있죠, 그분들 심정을 제가 알아요. 왜 그러냐면 찾으신 분들은요. 차가운 몸이라도, 일부라도 내 가족이라는 것을 확인할 수 있잖습니까? 사랑하는 가족의 시신이라도 볼 수가 있잖아요, 그런데 남아 있는 사람들은 마냥 기다리는 거예요. 그러니까 부럽죠, 되게.

축하한다는 말은 하지 말아야 하는데 우리도 모르게 가서 꼭 껴안고 서로 울어가면서 "축하합니다" 했어요. 원래는 좋은 일이 있을 때 하는 말 아닙니까? 시신을 찾게 되면 서로 꼭 껴안고 울었어요, 거기서. (제대로 말을 못 하고 흐느낌) 사고를 안 당해본 사람들은 몰라요, 그거를… 그게 참 부러웠지요, 가족을 찾아 돌아가는 게 참 부러웠습니다. 팽목항에 계셨던 세월호 실종자 가족분들 가슴은 새까맣게 탔을 거예요. 우리는 3개월 정도 있으면서 가슴이 새까맣게 탔는데 그분들은 1년 넘게 계셨잖아요. 지금은 사람들이 관심도 없고요. 저희들도 마찬가지더라고요. 시간이 지나니까, 방송에서도 관심이 멀어지고 우리끼리 똘똘 뭉치는 거예요.

사람들 관심이 떨어져 저희가 항의를 해도 힘이 없죠. '네, 알겠습니다'란 말만 하고 들어주질 않더라고요. 그게 서운했었어요. 사람이 많아야 가서 항의도 하고 힘이 생기는 거지, 몇십 명 가서 얘기해봤자 그건 안 돼요. 사고는 어차피 났고, 수습을 허는 단계잖아요. 그러니까 그건 안 되더라고요.

기억수집가: 그때 어떤 요구를 하셨는데 안 들어주었던 건가요?

'빨리 수습 좀 해달라. 우리도 너무 힘들다' 이런 거죠. 그런데 자기네들은 DNA검사를 해야 한다, 이런 식으로 계속 미루는 거예요. 실종자 가족으로서 답답허죠, 그게. DNA결과도 막판에 가서야 나왔어요. 시간이 많이 흐른 뒤에야, DNA검사, 대조로 시신이나 시신 일부를 유가족들에게 찾아줬어요…. 그렇게 마무리를 지었던 걸

1995년 서울, 삼풍

로 제가 알고 있습니다.

기억수집가: 그 후 20년을 어떻게 보내셨나요. 팔 남매 만나면 돌아가신 여동생 이야기 안 나올 수 없잖아요.

안 하죠. (흐느낌) 하면 울음바다가 되니까 안 하죠. 엄마 칠순, 팔순 잔치를 안 했어요. 허면은 엄마가 생각날 거 아닙니까? 다 있는데, 막내가 없으면…. 어느 집이든 다 그러잖아요. 그러니까 안 해요. 울음바다가 되니까 꺼내질 않죠. 죽은 여동생 웨딩비디오를 제가 찍어줬어요. 그런데 일부러 안 봐요, 그 모습을. 보려고 그러면은요, 가슴이 막 찢어지는 것 같아요.

단지 6월 29일 날 되면 가족 누구라고 헐 것 없이 양재 '시민의 숲'을 가요. 그냥 얼굴 보고 유가족들끼리 얘기 나눠요. 위령탑도 있잖아요. 사망자 502분 이름이 하나하나 다 새겨져 있어요. (서울시는 1998년 6월 29일, 양재동 시민의 숲에 위령탑을 건립했습니다.) 희생자분들 이름을 보고, 손으로 만지고 그렇게 했어요. 우리뿐만 아니라 아마 똑같을 거예요. 이런 사고가 아니더라도 가족을 먼저 떠나보낸 사람이라면, 누구나 죽은 가족 얘기를 꺼내지 않을 거예요.

사고 이후 어머니 첫 생신 때 죽은 여동생의 신랑이 왔었어요. 다 같이 울었지요. 나하고 나이가 똑같았는데, 끌어안고 울고. (목이 멤) 나중에는 오지 말라고 했어요. 그런데도 열흘 동안 여동생과 결혼 생활을 했다고…, 장모님이라고, 처남이라고, 처형이라고 찾아오는 데 진짜 가슴이 찢어질 것 같더라고요. 나중에는 부탁했어요, 오지 말라고. (격렬하게 흐느낌) 서로 여동생 이야기를 안 꺼내요. 얘기를 허면 지금처럼 우니까 20년 동안 얘기를 안 했어요. 너무 불쌍허니까 여동생 이름만 나와도 눈물이 나오더라고요.

여동생 여덟 살 먹었을 적에 찍은 흑백사진이 있더라고요. 스마트폰에 넣어서 보고 싶을 적에 봅니다. 저도 초등학교 다닐 때 찍은 거거든요. 사진은 유일하게 이거 남았어요. 제 아내가 제 여동생하고 동창이에요. 아내가 가끔 가다 얘기를 해요. 이맘때쯤(매년 6월 즈음) 되면 생각이 나나 보더라고요, 제 아내도. 아내를 볼 적에 많이 생각이 납니다. 그거는 20년이 흘러도 변치가 않데요. 친구라든가 이런 사람들 한 20년 안 보면 그냥 잊을 텐데, 한 핏줄이라 그런지 머릿속에서 지워지지가 않더라고요. 그러니 배 아파서 난 제 어머니는 어떻겠습니까. 돌아가실 때까지 마음의 응어리가 있는 거 아닙니까. 마음에, 가슴에 담아 있는 거 아니에요. 아, 건강해야 되겠구나. 제가 건강하게 살다가 어머님 운명하시는 것을 옆에서 보는 것이 제일 효도구나, 하고 느꼈습니다.

기억수집가: 마지막으로 하실 말씀이 있으신가요.

20년 전 삼풍백화점 참사 때, 어떤 컨트롤타워가 없었어요. 그래서 사고 초기 상당히 우왕좌왕했어요. 일을 어떻게 처리해야 하는지 사고를 어떻게 수습해야 하는지 아무도 몰라 중구난방이었죠. 그래서 당시 희생자 가족들이 항의를 많이 했던 거죠.

20년이 지나 똑같은 대형 사고가 났어요. 세월호 참사도 달라진 게 없었죠. 20년 전에 삼풍백화점 붕괴사고라는 대형 사고에서 어떤 교훈을 얻고, 일종의 사고대비 실전훈련을 한 것 아닙니까. '세월호는 빨리 수습되겠다' 생각했어요. 대신 육지가 아닌 바다이기 때문에 '어떤 어려움은 있겠구나' 생각했죠. 삼풍백화점 사망자 502분의 유가족들은 똑같은 마음이었을 거예요. '더 이상 이런 대형 사고로 가족을 잃어서는 안 된다' 그런데 또 세월호 터졌잖아요. 우리 정부가 안전에 신경을 많이 써야 한다고 생각해요. 저희는 다시는 이런 사고가 발생하지 않기를 바라고요. 어쩔 수 없는 사고나 재난에도 지금처럼 허둥대지 말고 컨트롤타워나 매뉴얼 공식대로 처리했으면 좋겠어요. 그래야 우리나라를 책임지는 분들을 의지하고, 믿고, 살아갈 수 있을 것 같아요.

사건이 터질 때만 쩔쩔매고 그러지 시간이 흘러 가슴이 새까맣게 타 들어가는 것은 실종자 가족이나 유가족이란 말이에요. 삼풍백화점도 구조를 빨리 해달라고, 실종자 가족들이 개인적으로 요구해도 들어주지 않으니까 단체행동을 했던 거예요. 이걸 제3자가 봤을 적에는 '데모'고요. '저 사람들 보상금을 많이 타내려고 저런 걸 거야' 하는 시선도 있었지만 저희는 아니거든요. 당시 저희는 다른 행동은 안 했어요. 그저 '빨리 시신 좀 수습해달라' 그랬는데 일부 방송에서 '쟤네들 보상금을 많이 받으려고 저렇게 길 막아놓고 단

체행동을 한다'고 왜곡보도했어요. 세월호 희생자 가족분들도 단체
행동을 했잖아요. 그런데 또 그런 얘기가 나오더라고요. 경험한 사
람으로서 저는 '저 사람들(세월호 희생자 가족)이 보상금을 더 요
구하는 게 아닌데 사람들이 왜 저렇게 생각할까' 이런 생각이 들더
라고요.

　세월호 희생자 가족들 또 삼풍백화점 희생자 가족들… 될 수
있으면 유가족과 생존자분들을 안 좋은 시선으로 보지 않았으면 좋
겠어요. 그래야 그분들이 또 사회생활을 할 수가 있거든요. 되게 힘
들어요, 생존자분들도. '저 사람들 삼풍백화점 유가족이야. 저 사람
들 세월호 희생자 가족이야' 아니면 '저 참사에서 구조된 사람이니,
저 사람은 이렇게 살아야 돼' 절대 이런 식으로 생각하지 않았으면
좋겠어요.

" 망자는 짐을 주고 떠납니다

○ 유가족 손상철 씨

여동생은 삼풍백화점 매장에서 근무했어요. 저희 가족은 어머님, 아버님 그리고 저하고 여동생 하나였는데 저희는 부모님과 같이 살지 않았어요. 아버지 따로, 어머니 따로 사셨어요. 저희 남매는 삼촌 집에 할머니와 얹혀살다가 저는 그게 힘들어서 군대로 피난 갔던 거고 여동생은 어찌어찌하다가 남자를 만나 그 집에서 나왔어요. 사실 여동생이 삼풍백화점에서 일한 건 나중에 알았어요.

유복한 가정이 아니다 보니, 동생이 사고 났을 때 부대에서 많이 협조를 해줬어요. 저는 군부대에 있었거든요. 한 4박 5일을 구조 현장에서 기다리다가 휴가 기간이 끝나 부대에 복귀했는데, 여동생 시신이 서울시립병원에 안치됐다는 연락을 받았어요.

그때는 지금처럼 한곳에 모여 시신 정보나 유가족을 찾는 시스템이 아니었어요. 그때는 A에서 나오는 정보, B에서 나오는 정보가 각각 달랐고 통합된 게 없었습니다. 예를 들면 세월호 참사처럼 한곳에 모여 장례를 치른다든지 조문을 가는 그런 시스템이 아니었어요. 모든 것이 병원, 병원마다 뿔뿔이 흩어져 있었죠.

기억수집가: 아까 군대에서 연락을 받으셨다고 하셨는데 그 과정을 좀 말씀해주세요.

동생하고 같이 살던… 그러니까 남편분이었는데, 그분이 군부대로 연락을 해 저녁에 움직이게 됩니다. 바로 그날. 제가 속한 22사단이 속초에 있었어요. 고속버스든 뭐든 타면 서너 시간 안에 서울에 도착하거든요. 버스 타고 실종자 가족들이 모여 있는 체육관으로 갔죠. 참사 현장은 더 큰 문제가 발생할까 봐 유가족의 출입을 막았어요. 그래서 체육관에 앉아 마냥 소식을 기다렸죠. 체육관에서 적십자 자원봉사자자분들이 많은 것을 지원해주셨어요. 당시 자원봉사하는 분들이 실종자 가족들을 많이 도와주셨어요. 큰 체육관 안에는 앞에 칠판이 하나 있었고, 이불보 몇 개가 깔려 있었는데 거기 앉아서 다들 발 동동 구르면서 몇몇 식구들끼리 대화하면서 구조 현장 소식을 기다렸어요. 같이 '한목소리를 내 어떻게 하자' 분

1995년 서울, 삼풍

위기보다는 삼삼오오 모여 대화하는 분위기였어요.

기억수집가: 그러면 그때 부모님이 오셨다거나…

아버님은 연락이 바로 안 됐고 어머니는 그다음 날 올라오셨죠. 삼촌 등 친인척도 모였어요. 그런데 저희 같은 경우는 부모님이 저희를 키웠던 것이 아니다 보니 삼촌, 사촌, 그분들이 더 말이 많았겠죠. 또 물질적인 문제 때문에 티격태격했겠죠. 내 손가락이 다쳐 나는 아픈데 다른 사람들은 '아, 보상처리는 어떻게 되지' 그런 생각을 할 수 있는 것처럼. 사촌들은 저에게 '나중에 보상받을 때 네가 움직여야 한다던데' 하면서 이런 물질적 계산을 하시는 거고 저희 어머니는 망자 생각이 우선이셨고, 서로 이견이 있었죠.

저희뿐만이 아니었어요. 체육관 주변 분위기가 첫날은 망자를 찾자는 분위기가 지배적이었지만 이틀, 삼일이 지나니 망자보다 물질을 찾는 사람들도 많아졌어요. 그리고 점점 고성이 오가기 시작하는 거죠. 처음 울고불고하던 시간이 지나니, 이제는 '왜 시신을 못 찾느냐, 누가 책임져야 하느냐' 소리를 지르는 분위기가 형성됐어요.

1995년 서울, 삼풍

기억수집가: 동생분 시신은 언제 발견된 건가요?

군대로 복귀하고 4일인가 5일 정도 됐을 때였어요. 부대에서 휴가증을 바로 써줬죠. 바로 시신 안치하고 화장하고 그랬어요. 복귀하고 나서도 제대할 때까지 여동생 죽음에 대해 현실감 없이 긴가민가했어요. 가끔 휴가 나왔을 때 내가 가 있을 곳이 없다는 상실감이 닥쳐왔죠. 어느 날 갑자기 내 가족 하나가 없어져 생겨버린 이 '짐(심리적 부담)'을 어떻게 져야 할지 모르겠는 거예요.

지금은 심리상담 치료처럼 조금 다독거려주는 것이 있지만 그때는 그냥 혼자 짊어져야 했어요. 그럼 어떻게 되냐, '짐'을 감당하지 못하면, 현실을 피하게 되죠. 지금도 마음속으로 피하게 되는 것들이 있어요. 그때 풀어야 했던 응어리를 풀지 못하니 지금까지도 그냥 안 풀리는 겁니다. 한번 묶여진 매듭은 끝까지 묶여져 있겠죠. 그때 실타래가 살짝 눌렸을 때 풀었으면 좋았을 텐데.

기억수집가: 혹시 시신 상태가 어땠는지 기억하시나요?

어디 보여주기 힘들 정도였어요. 구조 작업 중 비도 많이 왔고 물도 많이 뿌렸잖아요. '혹시 살아 있을지도 모르는 매몰자가 물로 연명해야 한다' 그런 논리였어요. 20년 전은 모든 게 주먹구구였어요. 그러다 보니 시신 부패 정도가 심했습니다. 유전자 감식 아니면 시신을 식별하기 힘들 정도였으니까요. 그래서 웬만하면 안 보여주는 게 나을 정도였죠. '망자를 위해 잘 안치해주자' 개념보다는 '망자의 시신 상태가 많이 훼손됐으니 빨리빨리 처리하자'는 방침이었던 것 같아요. 그게 사회적인 분위기였고.

기억수집가: 장례를 다 치르고 부대로 복귀하신 건가요?

그렇죠. 지금이야 만약 부대 내에 대형 참사 유가족이 있다면, 특별관리해서 보직을 변경한다든지 했겠죠. 예전 군대는 휴가 갔다 온 양 하던 일 그대로 했어요. 사고 이후 7개월인가 근 1년 정도 있다 제대했을 거예요. 제가 그때 이병이었으니까요.

기억수집가: 매년 6월 29일마다 치러지는 합동 위령제는 계속 참여하셨나요?

저는 사고 이후 5, 6년간을 따로 했어요. 군대 제대하고 스물둘, 젊은 나이에 혈기는 넘치는데 그 혈기를 다른 유가족분들과 나누기 싫었나 봐요. 아까 얘기한 묶인 실타래를 누군가는 풀어줘야 했는데 살짝 눌려 있는 그 감정을 누가 건들면 터지는 거예요. 마냥 혼자 있고 싶었죠. 어느 정도 시간이 흘러 합동 위령제에 참석해 대화를 나누니 뭔가 풀리는 것 같았어요. 공동체 의식 같은 게 있더라고요. 같이 무언가를 나누고 대화하는 그 공동체적 소통 때문에 지금까지도 매년 참여하게 됩니다.

기억수집가: 위령제는 보통 어떤 식으로 진행되나요?

'삼풍장학재단'이라는 곳이 있습니다. 거기서 일정 금액을 유족회에 지원해 그 지원금으로 위령제를 치르고, 경비도 쓰고, 찾아오는 사람에게 간단한 식사 대접을 하죠. 또 십시일반 조금씩 돈을 걷어 내년에 쓸 예산을 메우면서 운영하고 있어요. 장학재단은 저희가 대상그룹에서 투자를 받아 만든 거고, 학생들 장학금, 위령제 지원 등의 사업을 하고 있어요. (2001년 삼풍백화점 부지를 인수해 주상복합건물을 세운 대상그룹의 지원금으로 삼풍장학재단이 설립됐습니다.)

기억수집가: 그럼 그 학생들은 유가족의 자녀들…

장학금 지원 대상에 대해 여러 내부 논의가 있지만 기본적 맥락은 '희생자 가족 지원'이고요. 또 지금은 없는 사람을 더 도와주고 지원해줘야 하는 시대잖아요. 장학재단도 그렇게 바뀌려고 합니다. 또 삼풍백화점 무너지기 직전 발생한 성수대교 붕괴사고도 같이 연계해서 활동하자는 이야기도 있어요. 임원진이 새롭게 꾸려지면 앞으로 또 국가적 재난이 발생할 때 한목소리를 낼 수 있는 역할을 하자, 이런 이야기도 나오고 있죠.

맞습니다. 저희는 '세월호'처럼 한목소리를 내지 못했죠. 한목
소리를 모아야 하는데 개인들이 하나로 뭉치지 못해 각자의 목소리
가 허공으로 뿔뿔이 흩어졌어요. (사고 처리에 있어) 서초구청이든
정부든 빨리 정리하자는 의지가 좀 강했죠. (행정적으로) 빨리 치
우고 정리하자, 이거였어요. 시신을 찾았으니까 (사고 수습은) 어
느 정도 됐다. 구청이든 아니면 대상그룹이든 어딘가에서 돈을 끌
어다 줄 테니 이 돈 가지고 너희들이 재단을 운영해. '지금 삼풍백
화점 무너진 터에 위령탑을 세울 수 있게 해주세요' 얘기했지만 국
가와 얘기할 수 있는 창구가 없었습니다. 위령탑 위치가 아쉬워도
제대로 표현하지 못했죠.

기억수집가: 혹시 동생분의 유품 같은 것 가지고 계세요?

동생이 군부대로 보냈던 편지와 사진들은 숨겨놓고 보고 있어
요. 아까 말씀드렸던 '실타래'요. 참사 직후 마음이 한창 힘들었을
때, 심리 치료든 뭐든 했으면 풀렸을 거예요. 풀리지 않은 채 5년, 6
년, 10년 흘러온 실타래는 더 꼬입니다. 누군가가 그걸 건들면 그
실타래가 풀리든지, 엉키든지, 아니면 끊어지든지 하죠. 실타래가
끊어지는 경우는 제가 폭발하는 상황이에요. 실타래가 엉키는 경우

는 제가 가족들과 더 화합하지 못하는 상황이죠. 가족도 건들면 안 되는 저만의 민감한 상처라고 할 수 있어요. 바로 심리 치료를 해서 그걸 풀었으면, 제 아픔을 가족과 공유할 수 있었겠죠. 이건 제가 어떻게 못 할 것 같아요. 우리 가족도 제 동생 유품을 건들면 저에게 큰일 난다, 그렇게 인식하고 있어요. 아마 다른 유가족분들도 비슷할 것 같아요. 다들 유품을 가지고 계시는데 그 유품들은 나만의 보물이 아니라 내 마음속, 제일 아픈 유물이 되는 거예요. 이 유물은 건들면 감정이 터지게 되니까⋯. 세월호 유가족분들도 희생된 가족의 방을 살아생전 상태 그대로 보존하신다고 하죠. 1년이 지나건 2년이 지나건⋯ 저희들도 아마 똑같을 것 같아요.

기억수집가: 동생분 모습 중에 제일 기억이 많이 남는 모습은 어떤 건가요?

잘해줬던 기억보다는 못해줬던 기억들이 많아요. 한국 남자들은 군대 가면 부모님 생각, 아니면 여자 친구, 둘 중 하나를 생각하잖아요. 자기 주위에 원을 그려 원 안에 있는 사람들을 더 많이 생각하게 됩니다. 그 당시 전 여자 친구도 없었고, 부모님도 초등학교 들어가기 전부터 떨어져 살았고⋯ 제 원 안에는 여동생밖에 없었어요. 저와 여동생은 사실상 서로가 유일한 가족이라 아주 막역하거나, 그저 아웅다웅하거나 둘 중 하나였어요. 1년 터울밖에 안 되니까 거의 동년배였죠. 나이 차이가 별로 안 나 많이 싸웠어요. 군대

가서 정신차린 거였죠. '아, 동생한테 잘해야겠다' 한창 그 생각을 할 때 참사가 발생했어요. 그래서 마음이 항상 아립니다.

기억수집가: 마지막으로 하고 싶은 말씀이 있으신가요.

죽은 자와 산 자의 짐은 다릅니다. 죽은 자는 자신의 짐을 산 자한테 떠넘기고 가요. 살아 있는 자는 그 짐을 평생 지고 가는 거죠. 10년이 지나고 20년이 지나고 30년이 지나도 짐의 무게는 똑같습니다. 달라지는 것이 뭐냐, 내가 달라져요. 건장한 스무 살짜리 애가 들던 짐의 무게와 지금 드는 짐의 무게가 똑같습니다. 나이 드신 분들이 옛날 생각하실 적에 더 아파하고 슬퍼하잖아요. 제가 남기고 싶은 말은요, '내년이면 괜찮아질 거다, 몇십 년이 지나면 괜찮아질 거다'가 아닙니다. '몇십 년 후에는 더 힘들어질 거다. (죽은 자가 남긴 짐의) 무게가 더 무겁게 느껴진다'입니다. 그러나 꼭 남기고 싶어요. '그러나'라는 단어를요. 또 아직 끝난 게 아니고 진행 중이라는 'ing'라는 단어를요. 견디고 또 참아내면 저희 세대로 끝나겠죠. 하지만 제 자식 세대가 그 짐을 들고 가게 된다면 못 견딜 것 같아요, 너무 힘들어서. 제 자식들도 '아, 고모가 이것 때문에 돌아가신 분이구나' 그렇게만 알고 있어요. 제가 자세히 설명하면 저의 힘들었던 짐을 아이에게 물려주게 되는 것 같아 싫더라고요. 제 안에 맺힌 매듭은 10년이 지나도 풀어지지 않고 저를 더 힘들게 할

1995년 서울, 삼풍

겁니다. 세월호 희생자 가족분들도 지금 괴롭고 힘든 부분을 잘 견
뎌내지 못하면 내년, 10년, 20년 후, 더 힘들어질 거예요. 짐의 무게
때문에 압사당할 것 같은 느낌도 올 거고. 그러나 잘 견뎌야….

'그러나'라는 단어를 쓰고 싶어요. '그러나' 다음에 올 단어는
10년 후 제가 만들어가야겠죠. '그러나 어떻게 됐더라' 하고. '그러
나'라는 단어가 제일 좋은 것 같아요.

1995년 서울. 삼풍

"
딸에게는
「꿈의 매장」이었어요

○ 유가족 이순자 씨

큰딸은 패션을 공부했지요. 부하 직원들, 우리 딸 말 잘 들으라고, 생일 때마다 찾아갔는데 생일이 6월 25일이에요. 생일 준비를 하면서 은행에서 돈 찾고 오니, 오후 5시가 조금 넘었어요. 좀 시끄러운 기 있어서, 왜 그러느냐고 물으니까, 서울 삼풍백화점에 사고가 났다는 거예요. 그래서 그 길로 정신없이 집에 돌아왔어요. '내일 큰딸 보러 가는데 이거, 어쩌지.'

작은딸은 섬유 전공해서 이화여대 대학원을 나왔고, 액세서리가게를 차린 지 3년 째였어요. "아부지, 어무니, 돈 500만 원만 주면

내 가게 채리겠다"해서 청담동에 차린 거죠. 큰딸은 의상과 졸업하고 10년 직장생활 한 다음, 인자 동생이랑 마주보고 가게를 냈어요. 큰딸은 의상 가게 하고, 작은딸은 거기 브로치니 단추니 액세서리 물품을 제공하고…, 둘이 앞뒤로 잘했어요.

　사고소식 듣고 집에 오니, 둘째 딸한테 전화가 왔어요. "언니 어떻게 됐니" 그러니까네, "내가 언니하고 이야기도 했었고, 언니 아무 이상 없다" 이렇게 말하더라고. 아무 일 없다 해서 "엄마 그러면 내일 가께, 너 언니 생일이라서 내가 가꼬마" 하고 전화를 끊었어요. 오후 8시쯤 되니까네 둘째 딸이 내한테 다시 전화를 한 거예요. "엄마, 언니가 안 보인다" 내가 자리에서 주저앉아갖고 일나지를 몬 하는 기라. 남편은 사업하러 가서 없고 집안에 내 하나뿐이어서 우리 동서들 불러 밤새 같이 있었어요. 나는 일나지도 몬 하고 다리에 마비가 와버렸어요. 동틀 무렵에 우리 동서들하고 같이 청담동 쟈들(두 딸) 집에 갔어요. 작은딸 하는 말이 언니가 없다 카는 기라. 큰딸은 그길로 고마 죽어갖고 마…. 그래갖고 둘째 딸, 아들, 며느리, 시동생, 동서들, 또 우리 친정 조카들, 오빠들 모두 동원해서 병원을 돌았어요. 병원마다 다친 사람이 수십 명씩 있고 발목이 부러지고, 다리 부러지고, 모가지 날라 가고, 이런 시신도 너무 많은 거예요. 그런데 온 천지 다 돌아다녀도 없는 거예요, 다 없다 카더라고.

기억수집가: 따님께서는 삼풍백화점에 왜 가셨던 거예요?

큰딸이 청담동에 매장을 차린 지 16개월이 다 되도록 삼풍백화점에 입점할 수가 없어요. 삼풍백화점은 외제만 파는 곳으로 유명했는데, 그러다가 겨우 뚫었죠. 우리 딸이 전화를 한 적이 있어요. 삼풍에 들어가려는데 엄마 한번 봐달라고. 뭐 큰일 할 때면 나한테 봐달라 카거든요. 그래서 내가 점을 봤어요. 그런데 절대 삼풍백화점에 입점하면 안 된다는 기라. 그래서 큰딸에게 '안 된다' 했더니 자꾸 "엄마 안 되나? 정말 안 되나?" 그러더라고. 그래서 내가 부적 써서 붙였어요. 만약 거기 꼭 들어가려거든 이거를 붙여야 된다, 하면서요. 그렇게 들어간 지 2개월 만에 사고가 났어요. 오래 된 것도 아니고….

큰딸 마산여고 친구들이 청담동 가게에 놀러와 같이 있었는데 큰딸이 15분만 갔다 올게, 하고 시숙모 옷 맞추러 (삼풍에) 간 거예요. 조카며느리를 불러낸 거죠. 우리 둘째 딸이 건너편 가게에서 "언니 어데 가노?" 하니까, "잠시 매장 갔다 온다" 손을 흔들고 갔죠. 그래서 둘째는 처음에 저거 언니가 그날 죽었다고 생각 못 한 거예요.

큰딸이 삼풍백화점 매장에 앉아 있는데 시숙모는 수영하러 갔는가 옷 보러 갔는가 어디로 가버리고 없어서 내려올 때까지 기다리고 있었대요. 갑자기 위에서 무너지는 소리가 나서, 종업원 하나는 겁이 나 도망가고, 다른 종업원은 달려 나가다가 뒤꿈치를 다쳤어요. 나중에 그 친구들이 설명을 해줘서 알았죠. 그러니께네 우리 큰딸은 시숙모 내려올 때까지 기다리다가 죽은 거예요. 얼마나 억울하고 분한 줄 알아요. 청담동 매장에서 동창생들은 계속 전화 허고, 나는 내일 모레 큰딸 생일 준비했는데, 그래되니 옳은 정신이겠어요? 인자는 눈물도 다 말라가지고 가슴 아플 뿐이지 딴 일은 없어요.

기억수집가: 따님은 언제쯤 찾으신 건가요?

큰딸이 낀 반지와 입었던 옷 보고 15일 만에 시신을 찾았어요. 나는 삼성병원에 엎드려 있는데 '엄마, 언니 오니까 살살 바람도 쐴 겸 밖에 나가자'는 거예요. 그런데 영안실 어느 한곳에 꽃이 너무 많은 기라. 참 저 집은 엔간히 높은 사람이 죽었는가 보다 하고 지나갔다가 다시 옆을 떡 쳐다보니 우리 딸 영정사진이 거 있는 거라요.

그래갖고 거서 내가 쓰러졌죠. 또 병원에 입원했어요. 그러다 정신차리고 삼우제를 치르려 했어요. 그런데 사위는 오지도 않고 시어머니라 카는 사람들 그 시댁 친척들은 아무도 안 오는 기라. 시신도 우리 식구들만 댕기면서 찾았지요. 아무도 안 오길래 사돈집에 갔는데 문을 잠궈놓고 안 열어줘요. "이제 며느리가 죽었으니 여기 오실 일은 없다" 카더라고요. 그 분한 거는 말할 수가 없고, 손자 보자고 해도 안 보여주고 이래요. 우리 딸 유품을 챙기려 가니까, 아무것도 없었어요. 사진 몇 개 훔치고 왔죠.

1995년 서울, 삼풍

제가 5월 5일 어린이날에 손자를 데리러 갔어요. 가니께네 문을 딱 잠가놓고 없더라고요. 그때 손자가 4살, 6살입니다. 그런데 장례식도 안 오고 문도 안 열어준 사위가 보상금과 보험금 받으려고 준비하는 데 찾아왔어요. 보상금 타는 데도 한 2년 걸렸거든요. 사위가 "보상금 받으면 2억 드릴게요", 볶아대면서 도장을 달라고 했어요. 그 뒤로도 계속 "1억 드릴게요", "6,000만 원 드릴게요" 하면서 졸랐죠. 딸이 사업자등록증이 있고 한 달 수입이 컸으니까 보상금이 많았거든요. 울산이니, 마산이니 이지수 콜렉션이라고 여러 군데 매장이 있었고요. 그런데 사위가 도장을 받고 보상금을 모두 가지고 가버렸어요. 이 죽은 큰딸의 사위가 둘째 딸에게도 가계수표를 20장씩 거푸 빌려 썼는데 사업이 망했는지 그걸 막지 못했어요. 그래서 우리가 그 돈 갚는다고 집 팔아 있는 돈 없는 돈 다 모아서 막았죠. 그래서 우리 둘째 딸은 "아, 형부 내 가계수표나 막아주고 가지" 이 한마디 하고 아무 말 안 합니다. 저는 손자 둘 어떻게 키우나 싶어 불쌍하게 생각했는데 사위가 도망가고 나니 그런 마음이 없어지더라고요.

기억수집가: 큰따님 잃은 뒤로도 많은 일을 겪으셨네요.

그 고통은 말로 못 하죠. 가계수표 때문에 둘째 딸 유치장 생활할까 봐 여기저기 무릎을 꿇고 빌고 그랬어요. 우리 딸 힘들게 공부시켰는데 이렇게 허망하게 죽은 거 알고, 마산 시내 사람 다 울었어요. 아직까지도 저희 억울하다고 하는 사람들이 많아요. 저희가 화목하게 산 집이에요. 그랬는데 딸 죽고 나니 재산도 풍비박산 났고 사위까지 2년 있다 도망갔다 카는 소리 듣고 남편이 충격을 받아선지 돌아가셨어요. 그런데 남편 죽은 거보다 그저 자식 잃은 거만 생각이 나네요. 근 20년 세월이 흘러가는데, 가끔 '우리 딸아, 니는 거기서 패션하제?' 하고 혼잣말도 해요. 어디서 패션모델, 이런 거 보면 간이 툭 떨어지고, 새벽 3시가 넘어가도 잠이 안 와요. "어무이, 안 주무십니꺼?" 작은딸이 그러면, "아니 조금 있으면 자야지" 하다 잠이 사르륵 들죠. 보통 3시, 4시까지 못 자요. 내 생활이 시방 그런 거죠. 나는 가방, 머리 스타일, 옷이 안 맞으면 밖에 안 나가던 사람이었어요. 내 나름대로 멋을 즐기고 살았었는데 이제는 하, 세상이 귀찮고, 아무것도 싫고. 내가 갖고 싶은 게 없어요. 아직까지 좋은 것이 없어요. 자식을 잃으니까. 어디 모임에 가자고 해도 안 좋고, 가도 자식 생각이 나요. 오직 자식 죽은 것만 생각나고, 억울한 거, 분한 거….

이제는 어떻게든지 손자들을 만나야겠다 싶어요. 우리 딸 배 아파 낳은 손자를 만나야 되겠다. 손자들은 지네 아부지 할매들 말만 들었지, 우리 말은 하나도 못 들었잖아요. 너희 아부지가 욕심이 많은 사람이다, 너희는 잘 자라라, 하고 싶어요. 내가 말을 안 하고 있었지만 이제는 만나도 되지 않겠어요? 너희 이모, 외삼촌이 너희를 얼마나 아꼈는지, 이런 거는 앨범 사진에도 있으니까 꼭 만나자. 내가 너거들 안 만나고는 눈을 못 감는다, 죽지를 몬 한다.

○ 유가족 허재혁 씨

당시 저는 결혼하기 한 1년 전, 건축과를 졸업하고 설계사무소에서 아르바이트를 하고 있었을 때죠. 스물여섯, 그 정도 됐겠네요. 미국에 살던 저의 누님이 지금 제 아내인 여자 친구를 한번 보겠다고 한국에 온 거였어요. 제 직장은 교대 쪽이었죠. 그 전에는 누나와 한 번도 삼풍백화점에서 만난 적이 없었어요. 맨날 '압구정 현대백화점 식당가에서 보자' 그랬는데 그날따라 유독 거기서 약속을 잡았죠. 오후 7시에 만나기로 하고 일을 하고 있는데 라디오에서 '삼풍백화점에서 폭발사고가 났다'는 뉴스가 나왔어요. 저는 약속

장소로 나가면서도 그게 큰 사고라는 생각을 못 했어요. 그냥 '어디서 만날까?', '만나기 힘들 수도 있겠다' 생각했죠. 그때는 휴대 전화도 없었을 때니까요.

갔는데 건물이 없는 거죠. 아주 하얀 먼지만 길가에 쭉 날려 있어요. 되게 조용하고 평온한데 그냥 먼지만 나는 상황이었던 거 같아요. 그러다가 온몸에 먼지를 뒤집어쓴 사람들이 보이기 시작했고, 점점 사람들이 몰려들어 시끄러워졌어요. 저는 약속 시간이 7시니까, 누나가 거기 있을 거라 생각 못 했죠. 약속시간보다 너무 일찍이니까. 그리고 여자 친구를 좀 기다리다가 현장에서 만나 집으로 돌아왔어요. 그때 휴대 전화가 있었으면 바로 확인이 됐을 텐데, 그게 없을 때니까 일단 집으로 와야 겠다, '집에 있으면 전화가 오겠구나' 생각해서 집에 갔어요. 그런데 저희 아버지한테서 전화가 온 거예요. 누나의 시댁 어른에게 연락이 왔대요. 본인이 저희 누나를 차로 데려다주셨다고요. 그러니까 그분은 확실하게 누나가 그 안(삼풍백화점)에 있다는 걸 아시는 거죠. 누나에게 '동생과 만나기로 했다'고 들었으니까 저희 아버지한테 전화를 주셨고요.

기억수집가: 그 사실을 알고 나서 바로 현장으로 되돌아가신 건가요?

시간이 너무 늦은 데다 여자 친구도 있고 그래서 다음 날 저희 부모님하고 현장에서 만나기로 했어요. 유가족들은 현장에서 할 수 있는 게 아무것도 없었어요. 있어봐야 아무것도 할 수 없으니까, 부상자들이 실려 간 병원에서 만나기로 다시 약속을 잡았죠.

병원 주차장에서 아버지가 저 멀리서 오시는데… 전 그 장면을… (목이 멤) 아버지가 저 2, 30미터 끝에서 오시는데, 그냥 무작정 껴안았어요. (말을 잇지 못함) 아버지 첫마디가 "너도 들어가 있는 줄 알았다"였어요. 아버지는 사돈 전화를 받았을 때 '둘이 삼풍백화점에 들어가 있다'고 이해하셨던 거죠. 아버지를 만나고 바로 서울교대 체육관으로 갔죠. 텐트가 쫙 있고 사람들이 되게 많았어요. 울거나 하는 분위기는 없었고 아주 차분하고 분주했어요. 거기 텐트나 이런 것들이 더럽다, 지저분하다 그런 생각은 안 들고 그냥 우리 집같이 익숙해서 금세 적응했던 것 같아요. 일단 누나가 매몰돼 있다는 걸 머리로는 알지만 실감은 안 나는 상태였어요. 그저 신문 보고 방송 계속 틀어놓으면서 정보를 얻고, 또 추측을 하는 거죠. 누나가 몇 층에 있을까? 애기를 데리고 갔으니까 유아복 매장 있는 높은 층일까, 아니면 여성복 매장 쪽일까. 지하는 식당, 슈퍼니까 확률적으로는 위층에 있을 것 같은데… 그런데 아무도 모르는 거잖아요, 백화점이라는 게.

그 뒤로 어머니 올라오셔서 같이 사진 붙이러 다녔어요. 아무데나 다 붙이는 거죠, 잘 보이는 데. (구조 현장에) 얼굴이 알려져야 '아, 저 사람 어디 있다' 하고 누군가가 발견해서 우리한테 알려주니까요. 연락처, 이름, 사진이랑 같이 교대 체육관 밖에도 붙이고 바닥에도 붙이고….

가끔 강당 단상에서 브리핑이 있었어요. 누군가가 마이크를 잡고 시간대 구조상황 발표를 하는 거죠. '지금 몇 명이 구조됐고, 어디로 이송됐고' 이런 것들을 쭉 얘기하는 거죠. '사망자가 있다' 하면 병원 가서 확인했어요. 보통 '여자, 몇 세, 머리' 이런 식으로 인상착의가 나오면 가족이 맞다고 생각하는 분들이 가서 확인을 하거든요. 그런데 시간이 점점 지날수록 시신을 알아보기 힘들어져서 그게 좀 괴로운 거죠.

기억수집가: 생존자가 사고 이후 9일, 10일 그리고 17일 뒤에 각각 한 분씩 나왔는데요. 그때까지 체육관에 계셨던 건가요?

누나 시신은 사고 이후 20일 정도 지나 지하2층인가에서 발견됐던 것 같아요. 거기는 주차장이거든요. '차도 안 갖고 갔는데 왜 주차장에 있을까, 아마 피했던 것 같아요. 건물에서 이상한 소리가 나니까 정신없이 계속 내려갔겠죠, 1층으로 피했어야 했는데. 그래서 제일 늦게 발견됐어요. 제일 아래쪽에 있었으니까. 병원 관계자 말로는 애기를 안은 채 발견됐다고 하더라고요. 그래서 애기도 누나도 상처는 많지 않았다는데, 저는 안 봤어요, 마지막 모습을. 아버지가 보셨던 걸로 기억해요.

'야, 진짜 살아 있을 수도 있겠다' 죽었다는 생각은 안 했지만 그래도 살았다는 생각도 안 드는 상황이었거든요. 저는 건축을 전공했기 때문에 '저 안에서 살 수는 없다' 생각했었어요. 그리고 뉴스에서 그랬어요. 시루떡처럼 탁, 탁, 탁 그대로 무너졌다고. 중간에 물론 기둥들이 있지만, 그 기둥들이 다 부숴졌을 거라고요. 그래서 바닥판과 바닥판 사이에 틈이 있을 거라고 생각을 못 했어요. 그래도 다치지 않은 상태로 발견된 분들을 보고 '혹시라도 가능성이 있겠다'는 생각이 들었어요. 많은 매몰자 분들이, 붕괴 직후 바로 돌아가신 분도 있겠지만 열흘씩 버티다가 돌아가셨을 것 같아요. 그런 게 좀 안타깝죠. 어차피 갈 거면 바로 가는 게 편한데…. 혹시라도 있을지 모르는 생존자들 때문에 구조 작업이 되게 더뎠어요. 잘못했다가 붕괴될 수도 있으니까요. 생존자들이 발견되면 희망이 생기긴 했지만 누나가 딸을 안고 있는 상황에서 '오래 버틸 수 있을까?' 하는 생각도 들고 그랬습니다.

기억수집가: 누님이 결혼하고 미국에 가신 지 어느 정도 됐을 때였나요?

사고가 났을 때 서른 정도였으니 결혼하고 한 5년 정도 됐겠네요. 누나 아기가 세 살 정도였어요. 누나는 스물다섯 정도에 결혼했고, 저보다 세 살 많았죠. 미국에 계셨던 매형은 사고 이후 일주일 지나서 왔어요. 저희 가족들이 이미 초췌해지고 막 현장에 적응될 때쯤 오셨는데, 슬퍼해봐야 사태 해결에 도움이 안 되니까 일부러 좀 당당하게 하셨던 거 같은데 장례 치를 때, 입관할 때 많이 우셨어요. 그 전에는 매형이 한 번도 운 적이 없거든요.

기억수집가: 가족들께서 성향이 비슷하신 거 같아요. 담담하고...

아뇨, 매형하고 저하고는 성격이 완전 반대인데도 그랬어요. 이성적인 판단을 하는 게 중요했고, 난리 치고 울고불고해봐야 해결에 도움이 안 되고 오히려 민폐만 끼치게 됐죠. 부모님 기분만 상하게 되고. 가족이라는 게 옆에서 울면 같이 울잖아요. 그래서 더 슬픈 내색을 안 하려고 했어요. 사실 '이 문제를 빨리 해결해야 한다. 빨리 찾아야 한다' 그것만 집중하면 울 일이 없어요. 운다고 뭐 되나요.

현장에는 고성이 오고 가곤 했어요. '뭐가 불만이다. 뭐 하냐, 니들은?' 하면서 정부 관계자나 지자체 관계자들을 혼내고 그랬는데, 저희 가족들은 그게 혼내서 될 일이 아니라고 생각했어요. 물론 (사고 수습이) 하루 이틀 빨라질 수는 있겠지만, 일이라는 게 서두른다고 되는 게 아니잖아요. 시험 보면 다 100점 맞는 게 아니고, 한 80점, 90점 받으면 잘하는 거죠. 10점 틀렸다고 욕할 일은 아닌 것 같아요.

기억수집가: 지나시면서 뭐가 가장 힘드셨는지?

제가 대학 입학했을 때 누나가 같은 대학 4학년이었거든요. 집도 같이 얻어서 살았는데 누나가 대구 촌놈이었던 저를 세련되게 만들어주고 싶었나 봐요. 그래서 옷도 자주 사주고, 그 당시 카레라이스·돈가스 가게가 거의 없었는데, 그런 것도 사줬던 기억이 나요. 사고 때 즈음은 누나가 결혼하고 애 낳고… 만날 틈이 거의 없었어요. 미국에서 남편 학업을 다 마치고 애도 어느 정도 큰 다음, 서른 중반이 되어 한국 왔으면 자주 만났을 것 같네요.

나중에… 누나에게 기대고 싶은 일이 생기거나 부모님이 암 수술 받으시거나 할 때 힘들었죠. 어떻게 보면 누나는 저한테 집안 어른이잖아요. 전화해서 같이 상의하고 하면 좋은데 그런 게 없어졌죠.

기억수집가: 누님 살아생전 모습 중 가장 기억에 남는 것이 있다면…

저희 누나가 좀 예뻐요. 그래서 사진 찍는 걸 좋아했고 사진이 아주 많아요. 대학교 때 사진도 많은데, 그게 제가 기억하는 누나 모습인 것 같아요. 그 이후로는 사진도 별로 안 찍고, 애 낳고 바빠서 사진도 없어요. 유일하게 있는 사진들이 다 대학교 때, 대학교 갓 졸업하고 난 뒤 사진들이니까 누나가 제일 예뻤을 때 기억이 있는 거죠. 누나의 아기… 제 딸 입장에서는 사촌 언니죠. 제가 딸이 일고여덟 살 때 그 아기 사진, 누나 사진 보여주면서 "네 사촌 언니다", "고모 되신다" 처음 말해줬는데 울더라고요. 돌아가셨다는 얘기를 한 적이 없는데 울더라고요. 그래서 "왜 우냐?" 물었더니 "돌아가셨잖아" 그러더라고요.

기억수집가: 누님은 어디에 모셨나요?

용인에 모셨는데, 저희 누나 같은 경우는 집안에서 공을 많이 들였거든요. 첫째인 데다 서울에서 음악 공부도 시켰고요. 그런데 어머니가 사고 이후 점을 보지 않으세요. 왜냐하면 누나의 사주가 너무 좋았기 때문에 이제 안 믿는 거죠. '그렇게 사주가 좋았는데 이렇게 허망하게 가냐' 하며 어머니 실망감이 좀 컸고요. 부모님들은 요즘도 매년 용인에 가시는데 저도 가끔 동행합니다. 용인까지

갈 수 없는 상황이 되면 양재동 '시민의 숲' 위령탑에 가실 때도 있어요. 저도 작년인가 재작년에 갔었는데, 아직도 많은 분들이 모여 위령제를 하시더라고요.

기억수집가: 저희가 연락드렸을 때 기분은 어떠셨나요. 또 마지막으로 하고 싶은 말씀이 있으신지요.

처음에는 '이런 걸 왜 하지?' 생각했는데 보내주신 이메일 읽고 취지에 공감했어요. 저는 건축가인데요. 건축은 의사, 변호사처럼 사회정의에 이바지해야 한다고 생각하거든요. 건축가나 건축계 사람들이 자기 목소리를 내지 못하고 부당한 요구에 굴복하면 그런 결과(사고)들이 초래됩니다. 고객이 '이렇게 해달라' 요구할 때 건축가가 '이런 이유로 안 된다' 했으면 절대 무너지지 않았겠죠. 그런데 '네, 알아서 하세요. 알겠습니다' 도장 찍어줍니다. 삼풍백화점 붕괴사고 이후 우리 사회가 커가면서 예방주사를 맞은 것처럼, 부실시공이 많이 없어졌어요. 건축가가 '구조계산 꼭 하셔야 됩니다. 안전진단 꼭 하셔야 합니다' 하면 그 조언의 영향력이 좀 커졌어요. 건축주들도 (삼풍 사고를) 직접 봤으니까요. 아직 부족한 것들이 많지만 그래도 바뀐 것 같아요. 그 이후로도 사고 많이 났잖아요. 그런 것들이 모여 나아지겠죠.

예전에 어디 천장 무너졌잖아요. 구조를 아주 경량화해서 그렇게 된 거예요. 값이 싸지잖아요. 꼭 해야 하는 것들이 있는데 부실하게 해서 무너진 거죠. 저도 경량구조로 설계한 물류센터가 있어요. 물류센터에서 '구조계산서 달라' 하더라고요. 그래서 '왜 그러시냐?' 했더니 '우리도 똑같은 구조 아니냐?' '저희는 그럴 일이 없습니다. 제가 감리를 제대로 했고 그럴 일이 없습니다'라고 했죠.

건설회사는 대부분 대기업이지만 직접 시공하는 분들, 용접하는 분들은 제대로 교육받지 못한 경우가 많거든요. 전문적인 지식을 가진 사람이 그분들을 계속 관리·감독해야 하죠. 이런 경우 관리·감독 관련 경비가 증가해 여전히 기피하는 경향이 남아 있긴 해요. 하지만 예전에 비해 확실하게 하는 편이죠.

"이상하게 아범이 아직 안 와요

○ 유가족 이순남 씨

처음에는 몰랐죠. 나는 (삼풍백화점과) 전연 관련이 없으니까요. 다만 주변 사람 아들이나 남편이 검찰청에 근무하는 분들이 많았어요, 판사, 검사들. 그분들이 오히려 걱정돼서 서로 전화했죠. 그때는 휴대 전화도 없었어요. 제 남편은 있었지만 안 가지고 갔었죠. 회사와 집밖에 모르시니까, 연락할 일 있으면 회사에 전화하면 됐어요. 예전에는 휴대 전화 크기도 아주 컸잖아요, 그래서 집에 두고 다녔어요.

사고 당일, 저희 집이 서초동과 가까우니 저 괜찮냐고 묻는 전화가 쇄도했어요. 친지들, 친정어머니도 전화하셨고… 남편은 아침에 출근했었죠. 하여튼 그렇게 시간이 지나갔어요. 저는 전화 받으면서 '내가 이런 남자하고 산다, 이렇게 연락도 없다' 그랬어요. 그런데 저녁 9시가 되니 좀 불안한 생각이 들어요. 남편 업무가 한창 많을 때 방배동에 가끔 안마 받으러 가는 곳이 있거든요? 거기 전화하니까 안 오셨다 그래요. 10시가 가까워지니까 뭔가 좀 이상했어요. 남편 회사에 아는 부장님께 전화했죠. 남편, 어디 가셨냐, 했더니 면허증 재발급 받으러 나가셨대요. 다른 직원이 찾아오겠다고 했는데도 '아, 내가 가겠다' 하면서 오후 4시경에 나가셨다는 거예요.

사고 3일 전, 6월 26일 즈음이 지방선거였거든요. 저희가 그날 일찍 투표하고 골프 치러 갔었어요. 비가 엄청 왔었죠. 그때 남편이 골프바지가 좀 마땅치 않다고 하나 사야겠다, 이런 말씀을 하셨거든요. '혹시 면허시험장에 갔다가 테헤란로로 온 건가' 하는 생각이 스쳤어요. 저희는 삼풍백화점에 같이 간 적이 없어요. 저만 두 번 정도 가봤죠. 남편이 쇼핑 자체를 원체 좋아하지 않았거든요. 느낌이 좀 이상해서 여기저기 수소문했어요. 그날 회사에서 여직원들 바자회가 있었대요. 남편 나가는 길에 직원들이 김밥을 좀 잡숫고 가시라고 했는데도 그냥 가서 김밥도 못 드렸대요. 밤 11시가 넘어가니 사람이 직감이라는 게 있잖아요. 혼자 그렇게 다닐 사람이 아니거든요. 12시 가까이 돼서 저희 시댁 제일 큰 어른, 시숙께 전화 드렸어요. 좀 이상하다고, 아범이 아직 안 들어왔다고 그랬죠.

사실은 그때까지만 해도 저에게 1995년은 참 좋았던 해였어요. 저는 시골에서 태어나 가까스로 서울 와서 공부했거든요. 저희 딸애는 대학 졸업하고 취직에 성공했고, 또 아들은 재수를 하고 서울대 경영학과에 입학했어요. 우리 집 양반은 원래 종교도 없으셨는데 세례를 받고 새벽기도까지 나가면서 신앙심이 강해졌거든요. 자기는 퇴직하고 신학 공부해서 하나님 말씀을 전하겠다고 할 정도였어요. 아무 부족함이 없었죠. 내가 이렇게 행복해도 되나, 생각하며 살고 있었어요.

　　사고를 예감하고 애를 붕괴 현장에 보냈어요. "주차장에 좀 가봐라" 애하고 그때 회사 관계자인지 우리 큰아버지인지 오셨는데, 같이 삼풍 옥외 주차장에 가보라고 했어요. 애도 아빠가 왜 거길 가느냐 그러면서 나갔죠. 남편이 그때 감색 소나타를 타고 다니셨는데, 우리 큰애가 홍콩 갔다 오면서 사온 사슴 모양 액세서리를 차 거울에 달고 다녔어요. 애가 아빠 차라는 사실을 애써 부인하고 싶었던 건지 자기가 사준 그 액세서리가 십자가 모양이라고 하는 거예요. 아빠 차가 아니다, 감색 소나타가 맞긴 한데 아빠 차 거울 액세서리는 십자가 모양 아니냐, 이러는 거죠. 저는 사슴 모양이 맞다는 걸 알고 있었어요. 애는 발견된 아빠 차 안의 액세서리가 십자가 모양이 아니니 아빠 차가 아니다, 한 거죠.

　　회사 사람들이 서로 연락해서 한두 사람씩 오기 시작했어요. 새벽 1시 가까이 돼서 그 부장님과 다른 한 명, 두 사람이 오더니 "상무님 차, 거기 있습니다" 그러는 거예요. 너무너무 기가 막혔죠,

진짜. 아침에 "안녕히 다녀오세요" 했는데 차가 거기 있다니까. 알고 보니 남편이 삼성동 면허시험장에서 면허증을 찾아 테헤란로로 오는 길에 법원 앞에서 저녁 약속이 있었다고 하더라고요. 시간이 좀 남으니까 생전 안 가던 곳을 간 거죠. 정말 삼풍백화점은 저희랑 전혀 상관이 없거든요. 시간을 역추적해보니까, 백화점에 막 들어서자마자 사고가 난 것 같아요. 어떤 사람들은 빠져나왔다는데. 아, 정말 이건 운명이지 싶었어요.

　남편 차를 확인하고 난 다음부터는 넋이 나갔죠. 저희 집은 사고대책본부가 됐고요. 저희 남편 인품이 어찌나 좋았는지 직급은 상무밖에 안 됐지만, 다들 대부라고 하며 좋아했거든요. 사람들이 많이 모였어요. 이제 남편을 찾는 일이 남았죠. 많은 사람들이 위로를 해주면서 남편이 건물 구조도 잘 아니까 어딘가 피신해 계실 거다, 했고 저도 그렇게 믿었어요. 남편은 하루 종일 천장만 쳐다보고 있어도 심심하지 않다고 할 정도로 인내심도 있었거든요. 견디면서 어딘가에 있을 거다, 믿었어요. 또 이 양반이 어디가 다치건, 바보가 됐든 뭐가 됐든 살아만 오면 내가 너무너무 잘해줄 거 같은, 그런 심정이었어요. 깜빡깜빡 잠에 들고 깨니까 벌써 며칠이 흘렀죠. 야속한 게 시간이더라고요, 그냥 좀 잡아두고 싶은데. 하루 가고, 이틀 가고, 사흘 가면, 벌써 그만큼 생존 확률이 줄어드는 거 아녜요. 다 같이 계속 TV로 지켜봤어요. 계속 포클레인 소리 들리고… 무너진 5층부터 걷어내면서 생존자가 구조됐다, 할 때는 막 희망을 가졌다가, 이제 또 시체가 나오면 또 절망하고 그랬죠.

　　　　　　　　　　　　　　　　　　　1995년 서울, 삼풍

남편은 결국 7월 18일인가 발견됐어요. 그런데 (한동안 침묵) 저희 집이 한 65평 정도 됐었고 사람들이 계속 몇십 명씩 있었거든요. 사람들이 인사하면서 저보고 방으로 좀 들어오라는 거예요. 시숙이 정말 안 떨어지는 입으로, 저한테 '남편 찾았다' 그러셨어요. '다음 절차를 준비해야 되겠다' 하니까, 저희 시숙 같은 분은 저와 나이 차이도 많이 나서 제가 어려워했거든요. 그때는 뭐 어렵고 말고도 없이 마지막 희망이 탁 놓아지니까 그저 펑펑 울었어요, 그때. 정말 많이. 그런데 시신 발견되기 일주일 전쯤 수첩이 발굴됐다고 하더라고요. 그 안에 주민등록증, 회사 사원증, 다 있잖아요? 주소 다 있고. 그런데 그걸 저희에게 안 준 거예요. 그냥 자기네가 보관하고. 그 수첩은 남편이 백화점 안에 있었다는 확실한 증거죠. 그래서 그 거부터 전해 받았어요. 그 안에 10만 원짜리 현대백화점 상품권 세 개가 있었고… 또 저희 딸이 첫 월급으로 동화은행 수표 10만 원짜리를 아빠한테 드린 적이 있거든요. 남편이 그때 "내가 이건 평생 안 쓴다" 했죠. 남편이 서른다섯, 당시로서는 늦은 나이에 얻은 첫 딸이거든요. 그래서 '이건 나에게 아주 귀하다, 안 쓰겠다' 했던 그 수표도 들어 있었죠. 그런데 그걸 안 찾아주고 그냥 가지고 있더라고요. 유족들이 얼마나 기다리는데. 제가 그때 서초구청 이런 사람들 너무 한심하다고 생각했어요.

그 더운 여름, 장마철에 20일 정도 매몰돼 있어 시신 모습이 많이 변했는데 나중에 경찰들도 시신 사진을 시숙 등에게 보여주면서도 저는 안 보여주더라고요. 실종자 중에 남자는 별로 없었거든요.

그러다 텔레비전에 35세 정도의 남자 시신이 나왔다고 하니 직감적으로 저 사람 아닌가 하고 있었죠. 시신이 변형돼서 몸 크기가 작아지고 좀 젊어 보였나 봐요. 허리도 건강하고 그런 양반이었으니까요. 그래도 아들이라고 그 어린애가 국과수에 가서 확인하고 DNA 검사까지 했어요. 다녀와서 하는 말이 "나 첫눈에 아빠 줄 알았어, 알아보겠어" 하더라고요. 그런데 왜 긴가민가했냐면 새로 산 골프바지로 갈아입은 찰나였나 봐요. 2층에서. 아침에는 감색 바지를 입었었는데, 체크바지를 입고 발견됐죠.

아들이 그때 스무 살이었는데, 아빠의 변한 모습(시신)을 보고 얼마나 충격을 받았겠어요. 애가 한동안 잠을 깊게 못자고 악몽에 시달렸어요. 그런데 그 말을 저한테 안 했죠. 자다 깨서 보면 애가 일어나 있는데 그 얘길 안 했어요. 나중에 결혼하고 나서 말하더라고요. 사고 당일 저녁에 아빠가 거기 있는지도 모르고 삼풍백화점 무너진 데 가서 구경을 했었다고…. 이걸 그동안 말할 수 없었던 거죠. 우리는 가슴에 저마다 아픔을 갖고 있는 것 같아요.

나는 '같이 골프바지 쇼핑할걸', 우리 딸은 '첫 월급 선물을 돈 말고 바지 사드릴걸' 후회했죠. 아들은 그때 지방선거에 출마한 친구 아버지 선거 캠프에서 아르바이트했었거든요. 부엌에 있는 저를 뒤에서 안으면서 '아르바이트 돈 받으면 아빠 멋진 골프바지 하나 사드릴 거다' 그랬었죠. 서로가 바쁘다는 핑계로 그걸 못 사드린 게 가슴 아팠죠. 그거 사드렸으면 안 돌아가셨을 수도 있었는데….

7월 22일 날 장례를 지냈어요. 제가 퇴직하면 옷 한 벌 해드린다고 안동포를 사났던 게 있어요. 제가 마지막 할 수 있는 게 그거밖에 없더라고요. 남편 회사에서는 아산병원 2층 특실 두 개를 한 달 동안 잡아 주셨어요. 시신 나오면 거길 써야 하니까. 참 감사했죠. 그래서 모시기는 잘 모셨지만 그게 무슨 소용이 있겠어요. 그런 사연이 있어 제가 지금도 어디 가도 혼자 산다는 말을 안 해요. 나이 70이 다 됐는데도 싫어요. 더구나 어디서 돌아가셨다고 말하는 건 더 싫고. 그래서 제가 입 밖에 잘 안 내는데, 우연히 신문에서 '삼풍백화점 붕괴사고 기억 수집' 글을 봤어요. 그래서 이런 아픔을 가지고 사는 사람도 있다. 저보다 더한 사람들이 위로받을 수 있다면, 이런 사람도 결국 살아진다, 얘기하고 싶었어요. 간혹은 희로애락을 느끼면서 살고 또 살고 그런 게 있더라고요.

기억수집가: 그래도 사고 이후, 자녀분들과 마음 추스르고 잘 헤쳐오신 것 같아요.

헤쳐나갈 수밖에 없어요. 다른 불행이 온다 해도 그걸 붙잡고 있으면 있을수록 더 불행해지죠. 놓을 때는 놓아야 해요. 저는 신이 우리한테 준 선물 중 하나가 망각이라고 생각해요, 망각. 왜냐하면 잊어버리기 때문에 살 수 있는 거죠. 사고 이후 20일 동안은 제 인생에 앞으로 희로애락 중 '희락'은 없을 줄 알았어요, '애'와 '노'만 있고. 그렇지만 살면서 때때로 기쁜 일을 느낄 수 있더라고요. 아들이 장가를 간다든가, 손자를 본다든가, 또 친구들하고 만났을 때 잠깐 즐겁게 뭐 한다든가, 그럴 때는 또 잊어버려요. 애써 잊어버리려고 하죠. 이미 일어난 일을 붙잡고 있으면 있을수록 그게 힘들다는 걸 알거든요. 옛날 말에 엎질러진 물을 담을 수 없듯이, 이걸 어떻게 수습할 것인가 그 생각을 할 뿐이죠. 그런 마음으로 살았어요. 나름대로 제 철학이라고 할까요. 그런데 아들은 좀 깊이 잠을 못 자요. 저랑 딸은 남편의 마지막 모습을 못 봤어요. 수의 입힐 때도 안 보였어요. 그날 아침에 '안녕히 다녀오세요' 했을 때 쉰아홉의 그 나이 모습으로만 기억되죠. 지금 살아 계셨으면 칠십여덟이거든요. 그 양반도 변했겠죠. 참 그래요, 아침 현관문 앞에서 '안녕히 다녀오세요' 하고 더 못 보는 그 심정이.

한동안 친구들과 담을 쌓았어요. 왜냐하면, 우리 나이에 만나면 그 대화의 패턴이 정해져 있어요. 40대 중반까지는 애들 대학 가는 거, 또 50대 중반 정도 되면 애들 장가가는 문제에서부터 결혼 문제, 그러다가 한 60대 중반 이후에 되면 손자들 얘기, 그런 식으로 흘러가는데, 이제는 그것도 안 하고 거의 남편 얘기 해요. 있는 사람은. 그러니까 어떤 때는 내가 너무 듣기 싫을 때가 있어요. 그래서 어떤 모임이고 전혀 안 가요. 저는 그냥 하루가 한 12시간 정도만 됐으면 좋겠어요. 빨리, 빨리 지나가게…. 배우자를 먼저 보낸 사람은 이름이 하나 붙어요, 남자는 홀아비, 여자는 과부라는 말이요. 그래서 처음에는 내가 홀라당 벗겨지고 울타리가 싹 없어진 것 같은 기분이었어요. 내 자신이 너무 부끄러운 거예요. 남편을 이런 사고로 잃었다는 사실에 내 자신이 너무 부끄럽고, 아파트 밖을 나서면 경비원들이 쳐다보는 것 같아 나가지도 못하겠는 거예요. 스포츠센터도 그만뒀어요. '저 사람이 그 집 부인이잖아?' 이런 얘기 뒤에서 할 거 같아서요. 다시 한 번 제 상황이 각인되는 거 같아 안 나갔어요. 모든 사회 생활에 벽이 쳐지더라고요.

기억수집가: 20년이 지난 지금, 하고 싶은 말씀 있으신가요?

세월호 참사도 그랬지만, 이것도 완전히 인재예요. 건물 기둥을 다 없앴잖아요. 주차장에 기둥을 없애서 하중을 못 견뎌 내려앉았죠. 저도 삼풍백화점에 두 번 가봤는데, 아주 넓었어요. 그런 곳이 무너졌다는 것은 순전히 서초구청 잘못이죠. 어떤 면에선 세월호보다 더 관청의 책임이 큰 거예요. 그래도 처벌받는 사람이 하나도 없다 그러더라고요. 안전불감증이죠. 사실 저보다 더 억울한 사람도 있다고 생각해요. 성수대교에서 떨어져 돌아가신 양반들, 그 양반들은 정말 국가에서 관리하는 다리 위를 지나가다가, 순식간에 떨어졌잖아요. 너무너무 후진국인 거예요. 이런 사고가 정말 있어선 안 되는데 지금도 크고 작은 사고가 많죠. 씽크홀이니 뭐니 이런 것들도.

1995년 서울, 삼풍

기억수집가: 사고 이후, 마음의 치유를 위해 하셨던 일이 있으신 가요?

　시신 찾는 기간 동안 저희 집에 사람이 많이 왔잖아요. 장례 때까지 북적거리고. 그게 끝나니 적막강산이 되는 거예요. 다들 자기 생활이 있고요. 주위 사람들도 저에게 전화하기 어려운 거예요. '잘 지내냐' 하기도 그렇고. 그래서 저도 좀 섭섭해지더라고요. 나는 힘들어 죽겠는데, 다들 멀쩡히 자기 일상으로 돌아가서 잘사는 거 같으니까요. 그래서 목사님하고 의논했더니 목사님이 '신학공부를 해보는 게 어떠냐' 하셨어요. 그런데 눈에 별로 안 들어왔어요. 육체적으로 바빠지는 방법을 택했죠. 사고 1년 뒤 커피숍을 하나 열었어요. 송파구 쪽에. 거긴 내가 아는 사람이 없겠다 싶어서 갔는데, 아는 사람이 있더라고요. 그것도 상처고…. 저는 '저 사람 남편이 삼풍 사고로 죽었대' 그 얘기가 제일 듣기 싫은 거예요. 그래서 그것도 그만두고, 원래 농사에 좀 취미가 있어 거기 몰두했어요. 풀 뽑고 이러는 거요. 저는 특별히 살아 있다는 의미가 없어요, 그냥 '세월아 가라, 나도 같이 간다' 그거예요. 무미건조하다 할까요?

　남편이 죽기 전까지 그동안 저는 너무 잘 살았어요. 부자로 살았다는 의미가 아니라 좋은 배우자 만나서 마음 편히, 또 경제적으로도 어려움 없이. 정말 44년 전에 작은 아파트로 이사 갈 정도로 잘 살았기 때문에 너무 감사했죠. 촌에서 태어나 정말 잘 살았어요. 간혹 지금 남편하고 이런 데 같이 왔으면 좋겠다, 생각하지만 생각

난다고 남편이 돌아올 거도 아닌 거고. 그저 '나는 잘 살았다' 생각하면서 살고 있어요. 운명이라고 생각하는 게 가장 마음이 편한 거 같아요. 억지로 인위적으로 생각하면 억울하고 속상해서 못 살아요. 다행히 애들이 반듯하게 지 앞가림을 잘해줬어요. 한 20일 전에는 손녀도 봤는데 제가 그때 기쁘더라고요. 할아버지가 계셨으면 얼마나 이뻐하겠어요. 그게 좀 마음 아팠고요.

1995년 서울. 삼풍

"
마냥
항의할
수는
없었죠

○ 유가족 김문수 씨

　제가 군에 있고, 죽은 동생이 초등학생 때 아버님이 열차 사고
로 크게 다치셨어요. 어린 저희는 문외한이잖아요. 어떻게 해야 하
는지도 모르고…. 동생들이 육영재단에다 탄원을 했는데 거기에서
보리쌀 두 자루를 줬대요. 아버님 부주의로 사고가 났다는 결론이
나서 범칙금으로 30만 원 나왔고요. 그거 면제해주는 혜택을 주더
라고요. 그게 국가에서 해준 전부예요. 그렇게 성장을 했는데 저도
나이가 어리다 보니 동생 공부를 많이 못 시켰어요. 동생은 전문대
학을 나와 안경사 자격을 땄는데, 독일로 유학가고 싶어 했어요. 그

래서 대학을 졸업하고 저에게 '형님, 독일 유학을 좀 보내달라' 했는데 저는 '지금 형이 경제적으로 힘드니까 조금만 더 일하자. 유학 경비를 네가 반, 내가 반 마련하자' 했죠. 그러고 나서 삼풍백화점 안경점에 몇 년 동안 있다가 스물일곱 살에…

기억수집가: 사고 당시 형님께서는 서른일곱 살이셨겠네요. 사고 소식은 어떻게 들으셨나요?

저는 대구에서 근무하고 있었는데 그날 저녁 지인 집들이 선물을 사러 전자대리점에 갔어요. 거기 TV가 많잖아요. 뉴스 자막에 '삼풍백화점 폭발사고' 자막이 뜨더라고요. 무관심하게 '화재가 좀 나고 가스레인지 이런 게 폭발했나 보다' 생각했어요. 그 가게에 20분 넘게 있었는데 계속 자막이 뜨고, 채널을 돌려봐도 전 방송사 자막이 전부 그거더라고요. 그때부터 혈압이 올라, 선물 전화기를 얼른 사고 사무실에 가서 동생에게 바로 전화를 했죠. 전화가 불통으로 뚜뚜뚜 하더라고요. 애가 평상시 저랑 2, 3일에 한 번씩 계속 통화를 했기 때문에, 연락이 가능하면 바로 전화가 올 거라 생각해서 기다렸어요. 1시간여를 사무실에서 계속 기다렸는데 전화가 안 오더라고요.

뭔가 심상치 않은 느낌에 회사 본부장님께 제 상황을 말씀드렸어요. 동생은 혼자 성남에서 자취를 하면서 출퇴근했거든요. 계속 전화를 기다리다가 '아, 애가 연락을 할 수 없는 상태구나' 깨닫고 그 길로 서울에 올라가겠다고 이야기했죠. 아버님은 거동이 불편하시니까 어머님을 모시고 무작정 서울로 올라갔어요. 서울로 올라가니 밤 1시쯤 돼서 그때는 어떤 조치를 취할 수도 없었어요. 친척집에 가서 자고, 새벽에 일어나 달리 방법이 없어 서울시청으로 갔어요. 가니까 아무것도 없는 거예요. 그냥 의자만 죽 갖다 놓고, 대형 TV 화면만 있고, 뭐가 운영이 잘 안 되더라고요. 그래서 '이송 환자들이 어디에 있냐?' 문의하니 병원 목록을 주더라고요. 그래서 택시를 잡아 여의도성모병원 갔다가, 강남에 갔다가, 이렇게 병원을 대여섯 군데 다녔어요. 그런데 병원마저도 북새통이고, 이송자 명단도 제대로 확보가 안 됐어요. 사망자 명단, 부상자 명단, 이렇게 있는데, 누가 누군지도 모르겠는 거예요.

그래서 '안 되겠다' 하고 현장으로 갔죠. 가니까 바리케이드 다 쳐놓고, 접근 금지 상태였는데 저는 그 바리케이드를 넘어서 들어갔어요. 현장을 가보니 연기 나고, 건물이 폭삭 주저앉아 있더라고요. 저는 전경들한테 붙잡혀 바깥으로 나왔다가 또다시 '가족이다' 사정하면서 들어가려 했지만 무조건 접근이 안 되더라고요. 정문에서 우왕좌왕 왔다 갔다 하다가 저처럼 현장에 온 다른 실종자 가족 몇 분과 뭉쳤어요. 당시 삼풍백화점 앞에 삼풍주유소, 사법연수원이 있었죠. 그쪽에 사무실들이 있었어요. 그래서 몇 명이 서울시 현장대책반에 가서 '이거, 이렇게 무질서하고 사람도 못 찾는 건 큰 문제다. 빨리 사망자와 부상자 있는 곳을 연락해달라. 그리고 실종자 가족들이 이렇게 경찰하고 대치할 게 아니라, 있을 곳을 정해달라' 이렇게 요구했죠.

　그런데 서울시도 갑자기 안 되잖아요. 사법연수원 강당을 유가족들 편의를 위해서 집합장소를 하겠다, 뭐, 또 어디 초등학교를 하겠다, 이런 혼선이 많았어요. 그러다가 결국은 서울교대로 결정됐는데, 사실 저희가 반대를 했었어요. 사고 현장과 거리가 멀어서요. 피해자 가족들이 수시로 현장을 봐야 하는데 너무 멀잖아요. (한숨) 그래서 반대했는데 거기에 마침 체육관도 있으니 좋겠다, 그래서 거기로 실종자 가족 거처가 정해졌죠.

　'10인위원회'라고 사람을 이제 모았어요. 실종자 가족 대표 격으로 활동을 하는데, 저도 그중 한 명으로 활동했어요. 제일 첫 번째 했던 논의가 현장 상황을 알아야 하잖아요. 20명을 선발을 해 현장을 참관하기로 했어요. 그래서 현장에 갔는데, 구조 인력이 해병대원들인 것 같았어요. 군인들이 와서 돌덩이 전달하는 일밖에 못 해요. 그때만 해도 추가 붕괴위험이 있다고 난리였잖아요. 정말 그렇더라고요. 그 사람들한테 왜 적극적으로 구조하지 않냐고 항의할 수 없는 상황인 게, 저희도 철모를 쓰고 들어갔는데 천장에서 자갈이 철모에 뚝뚝 떨어졌어요. 1층을 내려가는 도중에 20명 중 10명이 나가버렸어요. 생명의 위협을 느낀 거죠. 남은 10명이 더 내려갔는데… 반 토막 난 시신이 그대로 쓰레기 더미하고 같이 보이고 처참했죠. 그렇게 지하2층을 내려가는데 5명이 또 나갔어요. 지하3층에 도달하니 저하고 다른 한 분, 2명만 남았어요. 콘크리트 천장이 시루떡처럼 이렇게 착착 (손바닥을 마주침) 포개져 가지고, 그 속에 사람이 있어도 구조 작업을 할 수가 없어요. 불이 나서 유독가스도 계속 나오고 매연이 나와요. 위에서 소방호스로 계속 물을 뿌리니까, 그 습기에, 매캐한 가스 냄새에, 음식 썩는 냄새. 섬유 타는 냄새, 플라스틱 타는 냄새, 막 정신을 못 차리겠더라고요. 콘크리트가 철근에 붙어 그대로 노출이 돼 있고. 그때 언뜻 '아, 우리 어머니·아버지가 죽은 자식 찾으러 왔다가 산 자식마저 죽으면, 그분들이 얼마나 힘드실까' 생각이 들더라고요. 그래서 구조대분들께도 생명을 걸고 구조 작업을 해달라는 말을 못 했어요.

기억수집가: 20명이 들어갔을 때가 며칠째였나요?

그때가 이틀째였던 것 같아요. 그렇게 해서 하루 이틀 갔어요. 우리가 가서 조를 짜서 참관했는데, 그때 제가 느낀 점이 있어요. 교대 텐트촌 와서 TV 보면 구조 작업을 열심히 하고 있다고 해요. 그런데 실제 현장에서는 아무것도 안 해요, 할 수가 없었거든요. 그래서 제가 언론, 매스컴을 불신하게 됐어요. 물론 그렇게 해서 국민을 안심은 시켜야겠지만, 그렇게 허구가 많더라고요. 그런 와중에 현장에서는 이제 유언비어가 돌기 시작했어요. 교대 안에서 도둑을 맞았다. 어젯밤에 현금을 잃어버렸다. 이러니 서로 아무도 못 믿는 거예요. 또 사람들을 미치게 만드는 게 전국의 악덕 실종자 가족들이 몰려들어서 시신 바꿔치기 해서 보상금을 탄다는 소문이 있었거든요. 실종자 가족들이 얼마나 긴장하고 초조하고 막 분노에 가득 찾는데 그런 유언비어까지 도니까 사람들 스트레스가 머리끝까지 쌓였어요. 사람들이 전부 포악해질 수밖에 없죠.

기억수집가: 그때 몇 명 정도가 교대 체육관에 있었나요?

그때… 피해자 가족들이 교대 체육관 안에는 그게 수용 인원으로 봐가지고는 1,000명이 좀 안 될 거예요. 밖까지 사람들이 많았으니까요. 운동장에도 거의 수천 명이 있었다고 봐야 돼요. 왔다 갔다 하시는 분들도 많이 있었겠지요. 비가 자주 왔잖아요, 그때. 그래서 비를 피한다고 창고, 처마 끝 이런 데 사람들이 많이 있었어요. 3일째인가, 4일째가 됐을 때, '이제 구조 작업이 도저히 안 된다' 판단했어요. 이건 굴을 파고 들어갈 수도 없다. 5층짜리 건물이 무너졌고 건물하고 다 깔려 지하로 쑥 내려가 있잖아요. 1층 지상에서 보면 저 밑에 내려가 있었어요. 그런 상태에서 밑에서 구조 작업을 어떻게 해요. 계단도 다 막혀 들어가지를 못 해요. 그래서 제가 '구조를 못 한다고 실종자 가족들에게 말을 하고 설득해야 하지 않나' 하니까 '우리는 말을 못 한다, 장비에 대해서는' 그렇게 얘기를 하더라고요. 그래서 제가 마이크를 잡고 브리핑을 했습니다. '이제 장비가 들어가 위부터 걷어내지 않으면 못 삽니다, 사람이. 저 유독가스와 뿌려대는 물과 이 더운 온도에 어떻게 있습니까? 장비를 들여보냅시다' 이렇게 이야기를 하니 난리가 났죠, 저를 죽이겠다고. 공무원 프락치라고. 사람들이 옷을 찢고 있잖아요. 연단으로 막 달려

1995년 서울. 삼풍

오고, 소용돌이가 났었어요. 그러다 질서가 다시 잡히고 난 다음에 계속해서 얘기해가지고, 찬반 투표도 했어요. 처음에는 부결이 됐는데 몇 시간이 더 지나니 사람들이 좀 차분해졌어요. '아까 그 얘기 다시 한 번 해달라' 해서 저는 다시 브리핑을 했고, 결국 장비를 진입시키기로 결정 났죠.

그런데 장비가 들어가 포클레인이 굴러다니면, 조금이라도 공간이 있는 부분이 또 무너질지 모르니까, 24시간 장비는 작업을 하겠다, 대신에 장비 대수와, 장비 들어갈 때 앞에 한 명, 뒤에 한 명 유가족이 탑에 타서 작업하는 걸 감시를 하겠다. 이렇게 해서 그거를 승낙을 해가지고 장비가 들어가게 된 거죠. 장비 넣는 부분까지 하고 이틀째까지 가서 감시 활동 하는 것하고, 그 다음에 저는 보급쪽 일을 했어요. (한숨) 제가 이 일을 하면서 인간의 양극단을 봤어요. 우리가 교대 안에 있을 때 비도 와서 맨바닥에서 수건 하나 들고 밥먹고 자고 했거든요. 아무리 여름이지만 콘크리트 바닥이 춥잖아요. 스티로폼을 달라고 이야기를 했어요. 두꺼운 게 없어가지고 얇은 걸 갖다 주더라고요. 차에 싣고 와서 나눠주는데 서로 가져가려고 밀고 당기고 해서 그게 토막이 나서 다 없어지는 거예요. 하루저녁 자고 나면 스티로폼이 얇아서 가라앉아 이게 있으나마나 했어요. 그래서 좀 두꺼운 거 10센티짜리 좀 갖다 주세요, 해서 10센티짜리 추가 보급이 왔어요. 그러니까 다들 얇은 스티로폼 그냥 버리고 또 두꺼운 거 서로 가져가려고 악다구니를 하며 싸워댔어요. 이게 참 아무것도 아니잖아요, 그 환경에서 그 스티로폼 좀 더 두꺼운 거, (한숨) 그게 어떤 의미가 있는지 모르겠는데 인간의 본성이 그렇게 나오더라고요.

'시신 한 구가 안치됐습니다. 유가족들은 그 병원으로 가십시오' 하는 방송이 나와요. 그때는 시신 도둑맞을까 봐, 또 시신이 다 훼손돼 아예 못 찾을까 봐 다들 전전긍긍하고 있잖아요. 사흘 나흘 지나고 '생존기간이 끝났다'는 말이 정설이 돼 '생존자는 고사하고 시신이라도 찾아야 한다' 분위기가 지배적이었죠. 그래서 시신을 찾아 먼저 떠나는 유가족에게 '축하한다'고 했어요. 평상시 자식 죽은 사람한테 축하한다고 말하면 맞아 죽잖아요. 그런데 그 인사가 통했어요. 가족의 시신을 찾아 떠나는 분들은 '먼저 가서 죄송해요' 이렇게 말했고요. 바로 어제까지만 해도 스티로폼 가지고 싸우던 사람들 간에 시신을 찾고 못 찾고 여부로 희비가 갈리는 순간, 그런 같잖은 마음이 왔다 갔다 했어요. (한숨) 정말 축하하니까 상황에 안 맞는 '축하합니다'라는 인사가 통하더라고요.

기억수집가: 동생분은 언제쯤 찾으신 거예요?

제 동생은 사고 이후 20일에서 25일 사이에 찾았어요. 저는 방송을 못 들었어요, 계속 왔다 갔다 하느라. 같이 있는 사람이 동생 이름 목록에 나왔다고 말해줘서 가족들을 교대에 남겨두고 강북을 지병원인가 갔는데 백골 상태였죠. 아마 머리 쪽에 상처를 입었나 봐요. 쇄골 쪽으로는 피부가 하나도 없고, 그냥 백골로 나왔는데, (울

^{여원)} 딱 보는 순간 '쟤가 내 동생이다' 느낌이 왔어요. 왜 얼굴을 안 봤는데도 그게 느껴지는 건지. 그래서 제가 안았어요. 그 소독약 뿌리고 물속에서 막 건져온 해골밖에 없는 동생을 안았어요. 안아주고 '지금 마지막 효도하는구나. 이렇게라도 돌아와줘서 너무 고맙다' 했죠. 20며칠간을 계속 물 뿌리는 지하 속에서 있었잖아요. 지문이 다 살아 있었더라고요. 입고 있던 양복 안에 신분증도 나와서 신원 확인도 됐죠.

제가 다니던 회사 본부장님께 '서울로 올라가야 되겠습니다' 하고 대구를 떠나 서울로 가서 그다음 날 연락을 못 취했어요. 두 번째 날 연락해서 '상황이 만만치 않습니다. 못 가겠습니다' 하니, 그분 집이 서초동이었거든요. 직원을 시켜 휴대 전화를 두 대 주더라고요. '하나는 네가 여기 일하는 데 쓰고, 하나는 회사 전화를 받아라' 그렇게 지원을 많이 해주셨죠. 제가 휴직계도 안 내고 여기에서 20일인가, 25일 만에 동생을 찾아서 장례를 치르고, 근무지로 가야 하는데 차마 못 가겠더라고요. 하여튼 현장에 열흘 이상을 더 있었어요.

기억수집가: 어머니랑 같이 올라오셨는데 어머니는 며칠 만에 내려가셨어요?

장례 치르고 내려가셨습니다. 체육관에 같이 있다가 친척집에 한 번씩 가시고.

화병이 생기셔서 몸을 거의 학대하며 사세요. 하루에 거의 18시간을 일하세요. 낼 모레 팔순이시거든요. '노인정에서 사람들과 부대끼는 게 싫다' 그래서 계속 밭에 가시죠. '사람은 힘들다. 그런데 나무나 채소는 내가 정을 주면, 반짝반짝 빛을 내면서 고맙다고 인사한다, 뭐하러 노인정가서 사람들과 부대끼느냐' 이런 거죠.

앰뷸런스 이런 거 보면요, 하, 힘들어요. 입술을 깨물어요. 저도 이렇게 막 가슴이 쿵닥쿵닥하고, 꼭 쳐다보게 돼요. 제가 그걸 보고 울면 사람들이 쳐다보죠. 그런데 아무리 멀리서 사이렌 소리가 들려도 그 방향을 보게 됩니다. 사고 현장에서 계속 소방차 소리, 앰뷸런스 소리가 났잖아요. 불안증이 도지고 경기가 나서 미칠 것 같은데 저희 어머니도 마찬가지더라고요. 소방차만 보면 가슴이 퉁 떨어지고 혈압이 오르고 가슴이 두근거리는 걸 제어하지 못하겠더라고요.

지금도요. 동생에 대한 설움이 있잖아요. 옛날에는 한 10년 동안은 그것 때문에 엄청 울었어요. 아무리 자식 같은 동생이라지만 부모 마음만 할까요. '지금도 내 마음이 이런데 부모님은 오죽하겠나' 생각이 들어요. 이게 참 우연한 사고라지만 다 사람이 초래한

사고인데…. 앞으로도 이런 일로 수백 명이 고통스러워지는 상황을 우리가 막아야 하는데, 이 사회가 그런 노력들을 너무 안 하는 것 같아요. 안전불감증으로 스스로 만든 덫인 거죠. 사고가 나면 재미있는 뉴스, 관심 가는 뉴스로만 여기고.

기억수집가: 추모 행사 때는 자주 가셨었어요?

매년 갔죠. 매년 부모님을 모시고 가는데 우리 아버님이 열차 교통사고로 두 다리를 잃으셨어요. 그래서 제가 차로 모시고 가야 하는데 아버님도 원래 발목부터 자르기 시작해 계속 절단 수술을 거듭하셨던 분이라 고생이 많으셨거든요. 본인이 가장인데, 사고 수습을 저에게 다 맡겨놓고 TV로 지켜보는 그 심정이 얼마나 타들어갔겠어요. 저는 까딱하면 아버지가 약 먹고 돌아가실 수도 있겠다 싶었어요. 사고 현장에 있을 때 집에서 전화 오면 '아버님 돌아가신 소식일지도 모른다' 이런 긴장감으로 전화를 받았어요. 당시 집사람이 아버님을 돌봤었는데 혈압이 좀 있으셔서 제가 아예 전화를 하지 말라고 했었죠. 일단 TV로 보고 계셔라. '그런데 TV 그거 20프로만 진짜고 나머지는 80프로 다 기자가 방송국에서 만든 얘기야. 그러니까 그림만 보고 말은 듣지 마' 그런 말만 해주고 '되도록이면 아버지 TV 안 보시게 해' 당부했죠. 부모님들 견뎌주신 게 참 감사해요. 뭔 얘기하다 이 얘기 했는지 모르겠는데….

기억수집가: 추모제….

추모제에 '아버지, 이제 가지 맙시다. 기껏 멀미약, 혈압약 드
시고 갔는데 지금도 다 먹지도 않는 도시락 하나 더 받아가려고 두
개, 세 개 받아가는 꼴불견들 있는데, 그걸 봐야겠습니까? 그러니까
조용할 때 따로 갑시다' 해서 안 가기로 했어요. 공식 추모제날을
앞두고 제가 '어머니 가지 마세요. 아버지 가지 마세요. 저도 안 갑
니다' 그랬어요. 그런데 서울에서 세 명이 다 만난 거 있죠. 다 가지
말자고 해놓고 있잖아요, 각자 기차 타고 고속버스 타고. 저는 차
몰고 갔어요. 같이 한차 타고 돌아왔죠. (울음) 그래서 '이게 우리 가
족의 마음이구나, 안 되겠다' 그래서 매년 부모님 모시고 가요.

저는 또 수시로 양재동 위령탑에 갑니다. 제 바로 밑 동생은 중
국에 있는데 가끔 서울 와서 술 한잔 걸치면 늘 밤 12시에 전화를
해요. "형, 여기 양재 시민의 숲이야" 동생 보러 왔다고는 못 하고
"윤봉길 의사가 눈앞에 계시네" 이렇게 말하죠. 저도 근처 갈 때마
다 한 번씩 보고 오고요.

기억수집가: 형제분이 동생 생각을 자주 하시나 봐요.

동생을 잊게 될까 봐 두렵고 겁이 나더라고요. 그런데 (헛웃음)
안 잊혀지죠. 시간이 가면 잊혀질까 했는데 너무너무 또렷해요. 이
게(동생 명함) 지금 20년 됐네요. 제 지갑에 넣고 다니는데 언젠간

닳아 없어질까 봐 작년에 비닐을 끼웠어요. 제가 사진을 안 가지고 다녀도 이거는 계속 가지고 다녔어요. 부모님께는 못 보여드려요. 동생이 자취할 때 쓰던 자명종, 취직하고 처음 집에 와서 저에게 선물로 준 금테안경… 그것도 못 버리죠.

동생이 여자 친구를 저에게 인사 시킨 적이 있어요. 그래서 "많이 좋아?" 물어보니 "나도 좀 좋아하는데, 쟈가 나를 더 많이 좋아한다, 마산이 고향인데 부잣집 외동딸이라 집에서 되게 애지중지한다" 그래요. 저는 "나는 네가 여러 명 사귀어보고, 결혼할 배우자는 천천히 결정했으면 좋겠다" 이런 말을 했었죠. 네가 결혼까지 생각하는 거라면 반대한다고. 그런데 일주일이 지나고 "형, 승낙해주면 안 되겠나" 그래요. 저는 너한테 못 미친다고 생각한다. 물론 연예인을 데리고 와도 너한테는 못 미친다고 생각하겠지만 그래도 아닌 것 같다, 이랬죠. 이렇게 한참 반대하다가 동생이 죽어 마음이 더 쓰려요. 제 눈치를 많이 보고 있었는데.

4장 '사회적 기억'으로 가는 길

백화점 그리고
에스컬레이터

　　마천루와 백화점, 두 유형의 건물은 현대의 대도시를 상징하던 기념비였습니다. 흥미로운 대목은 양자 모두 당시로서는 신기한 실내 이동 수단을 갖추고 있다는 것이지요. 마천루가 엘리베이터와 짝을 이루고 있었다면, 백화점은 우리와 밀접한 관계를 맺고 있었다고 할까요? '에스컬레이터'라고 불리는 우리는 기술적 차원에서 보자면 무한궤도 체인의 힘으로 움직이는 기계 계단에 불과했습니다. 하지만 백화점에서만큼은 실내 한복판을 차지한 채 남다른 위세를 뽐낼 수 있었습니다. 일반적으로 계단은 건물 내부의 잘 보이지 않는 구석에 자리 잡고 있기 마련입니다. 확실히 우리에게 명당자리를 내준 백화점의 대우는 유별난 것이었지요.

1995년 서울, 삼풍

물론 여기에는 나름의 타당한 이유가 있었습니다. 주지하다시피 우리는 고객들을 자연스럽게 아래위층으로 실어 나르며 매장 내부에 활력을 불어넣는 자동 펌프 구실을 했습니다. 그리고 고객의 동선을 기획하고 층별 매장 공간을 분할하는 데 기준점의 구실도 했지요. 그뿐만이 아니었습니다. 우리는 고객들에게 백화점 실내를 조망할 수 있는 시선도 제공했습니다. 이상의 시「건축무한육면각체」에서 표현을 빌려오자면, "위에서 내려"오는 사람이 "위에서 내려오지 아니한" 상태에서 아래층 매장을 천천히 내려다볼 수 있는 시선, 그리고 "밑에서 올라가는 사람"들이 "밑에서 올라가지 아니한" 상태에서 위층 매장을 올려다볼 수 있는 시선이 바로 그것이었습니다. 백화점에서 이 시선은 고객들의 쇼핑 경험에서 구심 축과 같은 역할을 해주는 것이었지요.

그러면 이제 서울로 시선을 옮겨볼까요? 꽤 오랜 시간 동안 우리의 발목은 서울의 구도심 안에 묶여 있었습니다. 우리가 겨우 사대문 안을 벗어난 것은 1970년대 후반 이후의 일이었습니다. 강 건너 강남 지역에 대규모 아파트 단지들이 세워지고 백화점들이 주요 지하철 역사를 중심으로 하나둘 문을 열기 시작하면서부터였지요. 특히 1980년대 초반 이후 88서울올림픽 개최와 함께 내수시장의 급속한 성장이 점쳐지면서 유통업이 성장산업으로 각광받기 시작했고, 이에 따라 기존 대형 업체뿐만 아니라 신생 업체들도 백화점 사업에 뛰어들었습니다. 압구정 한양 쇼핑(1979), 반포 뉴코아(1980), 압구정 현대백화점(1985), 삼성동 현대백화점(1988), 서초동 삼풍백화점(1989) 등이 바로 이 시기에 개장한 백화점이었습니다. 바로 이 백화점들이 우리가 강남으로 세력을 확산하는 데 거점 역할을 해준 곳이었습니다.

그렇다면 이렇게 백화점들이 강남이라는 특정 지역에 몰렸던 이유는 무엇일까요? 단순합니다. 구매력을 갖춘 젊은 소비자들이 바로 이 지역의 대규모 아파트 단지에 집단적으로 거주하기 시작했기 때문이지요. 게다가 그들 상당수는 대학 졸업자로서 고학력 소지자이기도 했습니다. 인구센서스의 데이터를 한번 살펴볼까요? 먼저 1985년, 이 시기에 강남에 거주하던 20대 이상의 인구는 약 45만 7,000명이었으며, 그중 대졸자(전문대 이상)의 수는 19만 3,000명으로 전체의 약 42.2%를 차지했습니다. 그러니까 강남 거주자 10명 중 4명이 대졸자였던 것이지요. 이 수치가 의미하는 바는 1975년 통계와 비교해보면 명확해집니다. 당시 강남에 거주하던 20대 이상의 인구가 약 16만 9,400명, 대졸자 수가 약 1만 9,700명 수준으로 전체의 약 12%였습니다. 그러니까 10년 동안 무려 17만 명의 대졸자가 강남으로 이주했던 것이지요.

연령대별로 대졸자 비중을 살펴보면 더욱 흥미롭습니다. 1985년 기준, 30대 거주자 13만 5,400명 중 대졸자는 6만 9,100명이었고, 40대 거주자 11만 2,000명 중 대졸자는 6만 1,500명이었습니다. 모두 50%를 넘어선 수치였지요. 이 시기 대졸 고학력자들의 강남 집중 거주 현상은 다음과 같은 수치로 좀 더 분명해집니다. 서울 거주 대졸자가 약 99만 5,000명이었는데, 그중 약 18.4%, 즉 19만

3,000명이 강남에 거주하고 있었습니다. 당시 이 지역이 개발을 시작한 지 이제 막 10년이 넘어선 신시가지였다는 사실을 상기해보면 놀라운 수치이지요.

한편 이들 상당수는 일정 수준 이상의 근로소득을 보장받는 사무직 관리자들이기도 했습니다. 최근 어느 경제학자는 「최상위 소득 비중의 장기 추세(1958~2013년)」라는 논문에서, 1961~1979년 사이에 상위 10% 집단의 실질소득이 연평균 15.6% 증가했다고 밝힌 바 있습니다. 이 경제학자는 "1960~1970년대 산업화 과정에서 기업 규모가 커지면서 관리자, 중간 관리자, 생산직 등으로 조직 내 역할 분화가 일어났"으며, 관리자와 같이 상위 직급에 있는 이들의 임금 수준이 일반 노동자와 비교해 빠른 속도로 상승했다"라고 설명했지요.●

이 이야기를 참고하면, 1985년, 강남에 거주하던 1940년대생 대졸자의 의미는 조금 더 분명해지는 듯합니다. 그러니까 그들 상당수는 이 시기에 소득 상위 10%에 위치하거나 새로 진입한 사무직 관리자 집단이었다고 추론할 수 있을 것입니다. 국가와 기업을 양축으로 하는 발전의 톱니바퀴 사이에 '출세'라는 개인의 야심을 끼워 넣을 수 있었던 산업화의 첫 번째 실무자 세대였다고나 할까요?

아무튼, 특정 지역 내에 표준화된 주거 공간(아파트)이 집중적으로 공급될 뿐만 아니라 그 공간에 거주하는 사람들이 교육 수준

●"박정희 시대, 소득불평등 심화됐다." 〈경향신문〉, 2016년 3월 4일.

에서 집단적인 동질성을 보이면서 일정 수준의 소득을 벌어들이고 있다면, 유통 기업의 입장에선 해당 지역으로 사업 확장을 꾀하지 않을 이유가 없을 것입니다. 더 나아가 기존의 사업 방식을 제고하면서 해당 지역에서 근 미래의 사업 전략을 실험하려고 시도하겠지요. 일정 수준 이상의 구매력을 갖춘 젊은 세대의 고학력 집단이란 분명히 새로운 소비문화를 이끌어낼 수 있는 매력적인 고객들일 테니까요.

'생활형 백화점'은 유통업체들이 바로 이런 고객들을 대상으로 한 새로운 백화점 모델이었습니다. 특히 이들이 주목했던 것은 관리직에 종사하는 남편이 직장에 출근한 사이 집에 남겨진 젊은 가정주부들이었습니다. 강남으로 이주하기 이전까지만 해도 이 주부들 상당수에게 백화점은 1년에 몇 번 가지 않는 일상 바깥의 소비 공간이었습니다. 유통업체들은 이들에게 좀 더 가깝게 다가가 그들의 일상 질서 내부로 백화점을 편입시키려고 시도했습니다. 생활형 백화점의 시발점 중 하나는 삼성동 현대백화점이었습니다. 쇼핑의 이상향을 제시한다는 의미로 "쇼피아"라는 신조어를 만들어내기도 했던 이 백화점에는 당시 다른 백화점에서 볼 수 없었던 대규모의 문화센터와 증권, 보험, 부동산, 여행 등의 정보를 제공하는 정보센터가 들어서 있었습니다. 이는 아파트에 거주하는 젊은 주부들의 요구에 정확히 조응하는 것이었습니다. 그녀들은 남편과 아이가 없는 여유로운 오후를 즐기면서 자기 계발과 쇼핑, 친목 도모와 재테크를 함께 할 수 있는 공간이 필요했으니까요. 따라서 약간 과

　　　　　　　　　　　　　　1995년 서울, 삼풍

장하자면 다음과 같은 표현도 가능할 것입니다. 이들 상당수는 아파트에 입주한 이후 '근로소득자'로서의 정체성을 청산하고 경제적 여유를 바탕으로 '중산층 소비자'의 일상을 설계하려고 시도했으며, 이때 생활형 백화점은 그들에게 충실한 조언자로 역할을 했다고 말입니다.

이렇듯이 생활형 백화점이 소비와 여가의 새로운 흐름을 주도하면서 80년대적 중산층 문화의 한 단락을 장식해 나갔다면, 잠실의 롯데월드는 이런 흐름들의 완결판으로 등장한 것이었습니다. "서울의 또 다른 명소," "꿈의 놀이동산", "잠실벌의 소도시", "잠실벌 유통의 새 물결" 등 화려한 스포트라이트를 받으며 등장한 롯데월드는 올림픽 스타디움의 두 배에 달하는 3만 8,000평 대지면적에, 장충체육관의 60배인 17만 5,000연건평의 규모를 자랑했습니다. 1988년부터 1989년까지 호텔 롯데월드, 롯데백화점 잠실점, 새나라 슈퍼백화점, 쇼핑몰, 민속관과 면세점, 롯데월드플라자, 스포츠센터, 롯데월드 어드벤처 등이 순차적으로 개장하면서, 자칭 "관광, 쇼핑, 문화, 레저, 스포츠 등 현대인의 다양한 욕구를 한곳에서 만족시켜주는 21세기 최첨단 생활공간"으로 위용을 과시했습니다. 특히 "대량 구매와 대량 판매로 양질의 제품을 낮은 가격에 판매"하는 "슈퍼백화점"이라는 이름의 대형 할인 매장, 그리고 롯데월드의 두 백화점 사이를 연결하는 200미터 거리에 들어선 쇼핑몰은 당시만 하더라도 상당히 생소했던 쇼핑 공간이었지요. 그러면 이와 같은 초대형 복합 레저 및 쇼핑 공간의 등장은 주변 상권에 어떤 지각 변동을 일으켰을까요?

"롯데월드가 들어섬으로써 가장 타격을 받은 곳으로 그 옆의 한양쇼핑 잠실점을 꼽는 이들이 많다. 팔십삼 년에 개장하여 그 일대 아파트 지역 상권을 휩쓸었던 한양쇼핑은 롯데월드가 생김에 따라 적자에 허덕이다가 현재 일층 식품부를 빼고는 전면 수리 공사에 들어가 있는 상태다. 그 한양쇼핑 자체가 잠실 오단지에 있던 중앙쇼핑이 중앙상가로 전락하게 한 전력이 있음은, 물고 물리게 되어 있는 유통업계의 생리를 엿보게 하는 일이다. 그런가 하면 한양쇼핑에 한번 홍역을 치른 그 중앙상가가 롯데월드 등장에는 전혀 영향을 받지 않고 있고, 롯데월드 지하광장과 통하는 올림픽 지하상가 같은 곳은 오히려 롯데월드 덕분에 유동인구 수효가 많아져 매상이 늘고 있음은, 대형 백화점 이용에 불편함을 느끼는 이들이 여전히 적지 않음을 느끼게 해준다."•

여기까지를 '생활형 백화점'에서 '롯데월드'까지 일련의 흐름이 중산층 소비 생태계를 창출한 과정이라고 한다면, 1990년대에 접어들면서 그 생태계의 위계를 깨뜨리려는 시도도 등장했습니다. 한화그룹이 압구정 한양쇼핑을 인수해 새롭게 재개장한 갤러리

• "큰 롯데월드와 왜소한 인간", 『샘이 깊은 물』, 1989년 9월호, p. 129.

아백화점이 그 출발점이었습니다. 갤러리아백화점은 두 동의 건물 중 한 동을 '명품관'으로 명명하고, 고가의 수입 의류와 패션용품을 판매하기 시작했습니다. 사실 제가 이 백화점의 등장에서 흥미롭게 느낀 것은 '명품'이라는 단어의 용도 변경이었습니다. 이전까지 '명품'의 일반적인 의미는 "국립중앙박물관의 고려청자 명품전"과 같이 사전적인 범위에서 크게 벗어나지 않았습니다. "뛰어나거나 이름난 물건이나 작품"을 뜻하는 것이었지요. 하지만 갤러리아 명품관에서 '명품'이란 해외의 고급 패션 브랜드의 상품들, 그러니까 이전에는 호화 사치재로 비난받았을 법한 일군의 상품들을 호명하기 위한 용도였습니다.

따라서 이렇게 말할 수 있을 것입니다. 당신들이 일반적으로 사용하는 '명품'이라는 단어의 용도는 바로 이 백화점의 명품관에 유래를 두고 있는 것이라고요. 당시 이런 전략은 국내 유명 디자이너가 운영하는 부티크의 단골 고객들, 고급 대형 아파트에 거주하는 중상류층 이상의 소비자들을 유인하기 위한 것이었지요. 이런 이유로 국민소득 5,000불의 문턱을 넘은 지 얼마 되지 않은 대다수의 소비자들에게는 큰 영향력을 미치지는 못했습니다. 명품관의 매장에 진열된 상품들은 그들이 가까이하기에는 너무 먼 '호화 사치품'에 불과했으니까요. 그러니까 '명품'이라는 기호의 영향력은 상류층의 거주 지역을 벗어나지 못했던 것입니다. 적어도 21세기에 당도하기 이전까지 말이지요.

1995년 서울, 삼풍

돌이켜보면 이때가 제 전성기였던 것 같기도 합니다. 사실 저는 이때까지만 해도 대형 할인점의 무빙워크가 제 적수가 되리라곤 상상하지 못했습니다. 또한 1970·80년대에 서울의 신시가지를 중심으로 등장한 아파트 단지들이 1990년대에 접어들면서 수도권 신도시라는 새로운 형태의 근거지를 마련하고 한없이 증식하리라는 것 역시 예상하지 못했습니다. 생각해보십시오. 제가 층간 이동 수단으로서 제일 먼저 고려했던 것은 고객의 경험이었습니다. 올라갈 때는 45도 각도로 상승하면서 단절 없이 위층으로 진입해 새로운 상품 질서를 맛보는 경험을, 그리고 내려올 때는 부감의 시선으로 천천히 매장 공간을 내려다보는 경험을 제공하는 것이야말로 제게 맡겨진 가장 중요한 임무라고 간주했던 것이지요. 그리고 이 이질적인 경험의 유기적인 결합이야말로 백화점이 안겨줄 수 있는 최상의 쇼핑 경험이라고 생각했습니다. 반면 대형 할인점은 저와는 생래적으로 궁합이 맞는 공간이 아니었습니다. 납작한 평면 위 키높이의 상품 진열대 사이를 카트를 밀며 오가는 풍경은 제가 제공하려던 쇼핑 경험과는 거리가 먼 것이었지요. 하지만 솔직히 인정하겠습니다. 1990년대 중반 이후 대세는 제가 아니라 무빙워크였다는 사실 말입니다.

상황이 이렇게 전개되다 보니, 제 동료 중 일부는 지하철 역사에 똬리를 틀고선 계단의 기능적 대체제로 만족하기도 했습니다. 하지만 저는 그들과 다릅니다. 맹세컨대, 저는 제 이상을 포기하지 않을 것입니다. 극소수의 고객만이라도 제 발판을 딛고 꼿꼿이

선 채 우아하고 격조 있는 시선으로 매장 경관을 바라봐준다면, 저는 더할 나위 없을 것입니다. 수많은 고객들이 대형 할인점의 공간에 길들여진 무덤덤한 시선으로 백화점 구석구석을 훑어보고 지나간다고 해도 말입니다. 일반적으로 자신의 시대가 끝났음을 깨달은 사물들은 과거의 영광을 환기시키는 시대착오성에서 자신의 쓰임새를 발견해 수명을 연장하곤 합니다. 저는 이런 역설적인 생존 전략이야말로 무빙워크와 카트 이후의 세계, 그러니까 인터넷 원클릭 쇼핑과 당일 배송의 시대에 더욱 유효할 수 있으리라고 믿는 편입니다. 구매의 순간이 아니라 쇼핑의 경험을 옹호하는 것, 그것이 바로 제 존재 이유이니까요.

박해천/동양대학교 공공디자인학부 교수

1995년 서울, 삼풍

망각의 골짜기에서
기억을 말하라!

지그문트 바우만의 말대로, 우리는 '수색정찰의 시대'를 살아가고 있다. 개인으로나 가족으로나 사회 전체로나, 끊임없이 두리번거리면서, 한 걸음씩 앞으로 나아가되, 그러나 과연 이 길로 더 걸어가도 좋을지 좀처럼 판단을 하지 못한 채, 수색 정찰을 하며 살아간다.

거칠고 험난한 길을 가다 보면, 패잔한 자도 보인다. 지난밤에 먼저 길을 떠났으나 그리 멀리 가지는 못 하였다. 그렇다고 걸음을 멈추거나 되돌아갈 수도 없다. 이미 걸어온 길조차 지치고 병든 자들의 상흔이 배어 있다. 이 거대 도시에서, 거꾸로 돌아간다는 것은, 앞으로 한 걸음 내딛는 것보다 어렵다. 어쨌든, 도시는 거칠게 회전하고, 그 공전 속도를 따라잡기 위해 저마다의 일상이라는 자전을 멈출 수 없는 운명, 그런 세상에서 우리는 살고 있다.

　　그러는 중에 재난이 닥친다. 이 연속되는 재난이 언제 어떻게 끝날지 아무도 모른다. 마침내 희미한 빛이라도 보인다면, 우리의 바람대로 도시의 가속도가 조절되고, 우리의 의지대로 그 맹렬한 속도로 일정 수준 이하로 통제될 수 있다면, 그런 약속어음이라도 들고 있다면, 우리는 당분간 꾹 참고 고행의 수색정찰을 좀 더 할 수도 있을 것이다.

　　그러나 재난이란 개인이 마음먹는다고 멈춰지거나 회피될 수 있는 일이 아니며 어느 정도 규모의 사람들이 애틋하게 약속한다 해서 중단되는 사건이 아니다. 그 흔한 말대로, 맹렬하게 달려온 '저돌적인 발전국가'의 바탕 위에서 발생하는 인재인 까닭에, 우리는 한 걸음 내딛으면서도 실은 주저하고 있는 것이다. 한없이 두리번거리며 속수무책으로, 두려움으로 일상을 견디는 상황, 그것이 바로 우리 도시의 운명이며 우리 삶의 행로다.

　　요컨대 일상의 붕괴! 생각해보라. 대도시 사람들이 백화점에서 일을 하거나 그 안에 들어가 일상의 작은 행복을 위하여 소박하

　　　　　　　　　　　　　　　　　　　1995년 서울, 삼풍

고도 즐거운 마음으로 산책을 한다는 것은, 두말할 것도 없이, 도시 삶의 지극히 당연한 행복의 나날이다. 따라서 기필코 쾌적한 것만이 아니라 절대적으로 안전한 바탕 위에서 이뤄져야 할 일이다.

그런데 다리가 끊어지고(1994년, 성수대교 참사), 백화점이 무너지고(1995년, 삼풍백화점 참사), 꼬마 아이들이 해변에서 휩쓸려가고(1999년, 씨월드 참사), 화마가 지하철을 덮치고(2003년, 대구 지하철 참사), 이제 막 대학생이 되어 즐거운 마음으로 한자리에 모여 있다가 거대한 무게에 눌리고(2014년, 경주리조트 참사), 급기야 해맑은 표정으로 환하게 웃으며 수학여행을 떠난 아이들이 저 남도의 차디찬 바닷속으로 사라져가는 파국(2014년, 세월호 참사)의 연속 앞에서, 우리는 차라리 허망하여 아무런 말도 할 수 없는 지경에 이르고 말았다.

단언컨대, 어쩌면 이러한 묵시록적 서술은 오히려 위험하다. 모든 죽음은 사회적 죽음이며 모든 재난은 저돌적인 발전국가의 구조적 파탄과 직결되어 있다. 그럼에도, 우선 이렇게 서술하지 않을 수 없는 것은, 수없이 반복된 재난의 연속 화면들, 흡사 소재만 바뀐 채 숱하게 되풀이되는 고통의 변주들이, 너무도 강렬하고 참담하여, 원인 파악과 대책 마련이라는 식의 표현조차 하나의 행정적 알리바이로 전락해버렸기 때문이다.

그러니, 우리는 필사적으로 기억하지 않으면 안 된다. 사실 도시는, 특히 우리의 일상이 이뤄지는 한국의 도시들은, 망각을 근본 원리로 하고 있다. 재난에 의하여 먼저 간 사람들과 그들의 가족들,

친구들, 이웃들의 상흔은 속절없이 흐르는 '시간'에 의하여 자연 치유되도록 방치되고 있다. 일종의 무책임한 운명론이 그 상흔들을 압도해버린다. 누군가가 기억을 하고자 하면, 왜 기억하는가, 무슨 의도로 기억을 하려고 하는가, 라고 윽박지른다. 우연적인 사고로 축소하여 도시 일상의 바깥으로, 보이지 않는 곳으로, 밀어낸다. 대책은 고사하고 원인조차 밝혀지지 않거나, 고의적으로 밝히지 않으려는 힘들이 모든 상처 입은 자들과 고인들을 망각의 저편으로 밀어내버린다.

이것은 묵시록적 수사학이 아니라, 실제 장소를 현장 검증하여 확인한 사실이다. 90년대 한국 사회의 잔인한 재난으로 기록되는 곳, 그 기억의 장소를 찾아가 보면, 우리가 이 대도시의 재난을 어떻게 협소한 기억의 장치로, 아예 망각해버리는지 알 수 있다.

먼저, 성수대교참사희생자위령탑. 이 위치를 어떻게 설명할 수 있을까. 단순히 말하면 '성수대교 북단'이다. 1994년 10월 21일, 성수대교 참사로 인한 먼저 세상을 떠난 희생자들을 추모하기 위한 위령탑이 성수대교 북단에 있다.

그러나 이렇게 해서는 찾아갈 수가 없다. 한강을 가로지르는 성수대교를 북쪽으로 막연히 달려갔다가는 그 위령의 장소를 지나치기 쉽고, 수많은 차량이 동과 서로 질주하게 되는 강변북로와 성수대교가 스치는 곳, 거기에서 순식간에 고산자로와 동부간선도로로 분기되는 곳, 다시 그 사이에서 서울숲을 스치면서 용비교로 넘어가는 도로들, 그 어느 틈에 위령의 장소가 있다. 그곳을 아는 사

1995년 서울. 삼풍

람들조차 조심해서 진입하지 않으면 복잡하고 어수선한 도로들을 처음부터 다시 헤치고 진입해야 할 정도다.

이 장소가 추모의 장소로 정해진 데는 여러 이유가 있었을 것이다. 추측컨대, 비록 접근하기 어렵다 해도 그날의 비극으로 인하여 영영 유예된 시간을 살게 된 유족들의 뜻이 있었을 것이며, 다른 장소가 이 비극의 공간이 될 수 있느냐 하는 검토도 있었을 것으로 보인다.

기본적으로 장소와 기억은 일치해야 한다. 그래서 '기억의 장소'라는 말이 있다. 개인이든 집합이든 추상세계의 기억은 물리적인 공간, 즉 장소를 바탕으로 형성된다. 첫사랑의 기억? 어렴풋하다. 그런데 함께 걷던 길이나 어두컴컴한 영화관 같은 장소를 떠올리면 기억이 동반하여 떠오른다. 집합기억 역시 마찬가지다. 상처의 기억 역시 마찬가지다. 특정한 장소가 모두의 집합기억을 떠올리게 한다.

장소가 사라지면 기억도 사라지고, 장소가 달라지면 기억도 변이된다. 그런 이유로, 일반 사람들이 찾아와서 추모하기에는 너무도 어려운 곳이지만, 유가족들과 관계자들은 이 성수대교 북단의 복잡한 램프들 사이에 희생자들을 추모하는 위령탑을 세우고자 했을 것이다. 일반 시민들이 일상적으로 찾아와서 추모하기에는 어렵다 할지라도, 유가족 입장에서는 성수대교가 아닌 다른 장소가 위령의 장소가 될 수는 없었을 것이다.

1995년 서울, 삼풍

당시 서울시 공무원으로 성수대교 참사 및 그 이후의 복구과정을 맡았던 조성린 씨는 자신의 블로그에 "성수대교 복구공사를 하기 위해 잔해가 있는 부분에 가서 하얀 꽃을 뿌릴 때는 나도 눈물이 핑 돌았다"라고 썼다. 문제는 위령탑 준공식을 하는데, 고귀한 생명이 한국형 발전주의와 관료주의로 다리가 붕괴된, 그런 참사의 복구와 준공식인데 여전히 관료적 행사가 압도했다는 것이다. 조성린 씨에 따르면 "준공식 전날 밤에도 행사장에 의자를 놓아야 하느냐 마느냐를 놓고 의견이 엇갈려 밤중에 의자를 놓았다 거두었다 하다가 다시 의자를 놓고 집엘 가니 한밤중이고. 세계적으로 관심이 있는 곳이니 귀빈들이 대거 참석하였는데 앉는 자리를 놓고 서로 시비를 하고. 테이프 절단을 하는 데도 서로 참여하겠다고 난리를 떨어 혼났다"라고 한다. 그때나 지금이나, 재난 앞에서 의전부터 신경써야 한다는 이 사회의 어이없는 양상은 본질적으로 변한 게 없다.

　　다행히 이 장소는, 참사 21주기가 되는 2015년 10월부터 조금 달라졌다. 해당 지자체인 성동구가 유가족과 함께 합동위령제를 열었다. 참사 21년 만에 공공기관에서 위령제에 힘을 보탠 것이다. "세상이 다 잊어도… 엄마는 잊지 않으마"라는 현수막은 꽤 오랫동안 질주하는 자동차들 사이의 고립된 장소에 걸려 있었다.

　　이제 양재동 '시민의 숲'으로 가본다. 다름 아닌, 삼풍백화점참사위령탑이 있는 곳이다. 남북으로 길게 조성된 이 '시민의 숲'은 중간에 작은 도로가 하나 나 있어서 두 구역으로 분리된다. 좀 더 규모가 큰 북쪽으로 육중한 규모의 매헌 윤봉길의사 기념관이 있다. 남쪽으로 작은 도로를 건너면, 북쪽 구역보다는 규모가 작은데 세 개의 위령탑이 서 있다.

가장 먼저 유격백마부대 충혼탑이 있다. 한국전쟁 당시 평북 정주군과 박천군 일대에서 치안활동을 벌이던 청년들과 오산학교 학생들 2,600여 명으로 이뤄진, 군번도 계급도 없는 비정규군으로 무려 552명이 전사했다. 그 뒤로 1988년 김현희에 의하여 피폭된 대한항공 858기 희생자 위령탑이 서 있다. 1990년 4월 조성되었으며, 기단 지하에 희생자의 유물 69점이 안장되고 탑 뒷면에 희생자 115명의 이름이 새겨져 있다.

그 '기억의 장소'들을 지나가면 삼풍백화점참사위령탑이 보인다. 1995년 6월 29일의 비극으로 무려 502명이 사망했으며, 6명이 실종되고 937명이 부상당한 재난이다. 원래 유가족 측은 서초동 참사 부지에 위령탑을 세워줄 것을 요구했다. 그러나 사고 1년여 만에 미원건설에 매각되어 사유지가 되면서 서울시와 서초구는 다른 장소를 물색했고 현재의 장소에 위령탑을 조성했다. 재난의 희생자를 위령하는 장소가 달라지면서 재난을 기억하는 방식도 달라지게 된 것이다.

이곳에 조성된, 각각의 충혼탑과 위령탑이 그 자체로 소중하고 애틋한 것이라서 건조하게 말하기는 매우 어렵지만, 왜 이 기념관과 충혼탑과 위령탑이 저마다의 장소들을 떠나 이 '시민의 숲' 안에 배치되어 있는가는 생각해볼 문제다.

익히 검토된 바대로 우리가 겪은 수많은 재난의 원인은 인재였으며 그 현장 수습이나 대책 또한 미완의 인재였다. 여기 확고한 증언이 있다. 2016년 4월 6일, 서울시소방재난본부가 국민안전처 중앙소방학교에 제출한 '대형붕괴사고 효과적 대응방안에 관한 연구' 보고서에 따르면, 1995년 삼풍백화점 붕괴사고 구조 현장에 참여했던 현직 소방관 40명 중 55%(22명)가 삼풍백화점 붕괴와 같은 대형 사고가 다시 일어날 가능성이 있다고 답했다. 나머지 45%(18명) 역시 대형 붕괴사고 발생 가능성이 높다고 우려했다. 이러한 비극이 다시 발생하지 않거나 그런 가능성이 적다고 응답한 소방관은 단 한 명도 없었다.

이 설문조사에 응답한 소방관들의 경력은 최소 '20년 이상 25년 미만'(9명)에서 최대 '30년 이상'(3명)으로 그들 대부분 2, 30년가량 재난 현장에 있었다. 그들이 대답한다. '일원화되지 못한 현장 지휘 체계'(37.5%), '재난현장의 극심한 무질서'(22.5%), '유관기관 간 협조체계 미흡'(13.7%) 등이 재난 상황을 더욱 심각한 혼돈으로 몰고 갔으며, 일부에서 말하는 천재지변이 원인이라고 대답한 소방관은, 역시 단 한 명도 없었다.

이렇게 참사를 기억하고 위령하는 그 조형감각이 전형적인 국가주의 양상을 띤다는 점에서 우리 사회의 기억 방식은 깊이 생각해볼 과제다. 양재동 시민의 숲에 조성된 세 가지 비극, 세 가지 위령 조형물은 단순히 외형상 국가주의 양상이라는 측면뿐만 아니라 각각의 참사 성격 및 그 추모의 마음을 제대로 구현하지 못하고 있다. 장소를 떠난 기억이 전형적인 국가주의적 양식 아래 배치되고 구성되면서 각각의 역사적 사실과 진실, 그 의미와 책임보다는 '추모' 그 자체의 고정된 형식으로 압축되어버렸다. 물론 일부 유가족과 관계자들로서는 이 위령의 장소와 그 조형물만으로도 저마다의 마음속 슬픔과 애통함을 서로 위로할 수 있다. 하지만 이 형식적 조형물들은 말 그대로 '시민의 숲'을 산책하는 시민들이나 자동차로 지나가는 사람들에게 각각의 사건과 재난과 참사의 진짜 이야기를 다 들려주지는 못하고 있다.

그러니 처음부터 다시 기억해야 한다. 기억하려는 태도가 달라져야 하며 그에 따라 기억의 형식도 달라져야 한다. 전적으로 국가에 책임이 귀속되지는 않는다 할지라도, 오래된 국가주의적 형식으로 각각의 개별적인 희생들이 위령되는 것은, 여전히 우리의 수색 정찰이 강력한 힘에 견인되고 있음을 말해준다.

삼풍백화점 참사로 숨겨간 이들은 단지 '희생자'라고만 불려서는 안 되며 고인들 저마다의 삶의 기억들이 개별적인 존재로서 다시 기억되어야 한다. 그 장소에서 살아남은 사람들, 그러나 그 후로도 오랫동안 마음속 깊이 상흔을 안고 사는 사람들 역시 단지 '생존자'로 불리거나 심지어 '의지의 영웅'처럼 국가주의적으로 호명되어서는 안 된다. 그들 마음속에 남아 있는 기억들을 어루만져야만 한다. 모두는 각각 소중하고도 고유한 개별의 존재들이다. 그 상처의 무늬도 다르고 이른바 트라우마의 그늘도 다르며 그것을 잊거나 혹은 극복해나가는 과정도 다르다. 비록 고통스러운 일이겠으

1995년 서울, 삼풍

나, 그 각각의 기억들을 회복하고 이야기하고 기록하는 것은, 중요하다. 그 목소리를 들어야 한다. 그 마음속 말들을 기록해야 한다. 그 상흔들을 기억해야 한다.

끔찍한 사고로 아들을 잃은 부모에게, 빵 가게 주인이, 갓 구워낸 빵을 건네며 "이럴 때 뭘 좀 먹는 일이 별것 아닌 것 같지만, 도움이 될 거요"라고 말하지 않았던가. 막연하게 흘러가는 시간이라는 자연 치유 방법은 위험하다. 망각은 치명적이다. 기억하는 것이 소중하다. 별것 아닌 것 같지만, 이것이 우리 모두가 이 고통스러운 재난의 수색 정찰을 끝내는 소중한 길이다.

정윤수/한신대학교 정조교양대학 교수

20년 전, 그곳에
사람이 있었습니다

슈퍼마켓에서 파견근무 중이던 판촉직원, 들뜬 마음으로 분수대 앞에서 아이스크림을 먹던 아이, 설레는 마음으로 누나에게 여자 친구를 소개하려 했던 청년, 톱 열 자루를 들고 현장으로 달려갔던 목수, 현장 지휘를 맡은 구조구급과 소속 구조대원, 밤새 흙을 파내 사람을 구하고 홀연히 일터로 돌아간 회사원, 희생자 가족들의 뒤치다꺼리를 도맡았던 어느 단체의 사무총장, 응급의학과 진로를 고민하던 의대생, 붕괴 소식을 듣고 곧장 응급실로 달려간 간호사….

이 사람들을 그때는 미처 알지 못했습니다. 한국전쟁 이후, 단일 사건 가장 많은 사람들이 희생된 대형재난 '사고'의 '숫자'로만 알고 있었을 뿐입니다.

제가 만난 기억제공자분들은 대부분 당시 이야기를 들려주며 눈물 짓고 안타까워했습니다. 저 또한 그랬습니다. '20년'이라는 시간이 흐르는 동안, 우리 사회가 조금이라도 나아지기는커녕, 오히려 뒷걸음질 친 건 아닌가 하는, 왠지 모를 자책과 후회가 밀려왔습니다.

20년 전, 그곳에 사람이 있었습니다. 20년 뒤, 지금과 같은 후회를 하지 않도록 저희가 만난 사람들을, 그리고 그곳에 사람이 있었음을 기록하고 기억하겠습니다. 이 자리를 빌려 인터뷰에 응해주신 모든 기억 제공자님들께 감사의 말씀을 드립니다. 고맙습니다.

기억수집가 류진아

기억은 살아남은 사람만이
들려줄 수 있습니다

인터뷰를 시작하기 수개월 전, 우리는 삼풍백화점 참사에 대한 기록을 찾고 또 찾았습니다. 20년 전 신문과 잡지, 방송 그리고 지금까지 나온 논문, 판례까지 뒤져 언급된 모든 인물을 추렸습니다. 그렇게 600여 명의 명단을 작성했습니다. 하지만 이름과 직업만으로 찾을 수 있는 사람은 공무원이나 소방관 등 직업의 변화가 크지 않은 사람들 정도였습니다. 고작 명단의 5프로나 될까요? 나머지는 거기에서 가지를 치고 꼬리를 물어 찾아내야 했습니다.

하루 종일 거절만 당하는 날의 연속이었습니다. 이제 겨우 잊었나 싶은 '그 일'을 묻는 낯선 사람들, 거절은 당연했습니다. 드물게는 '기억해줘 고맙다'는 인사를 건네는 분도 계셨지만, 완곡한 거절이 대부분이었습니다. 그분들 목소리에 상처가 깊었습니다. 설득할 수 있는 말은 없었습니다.

1995년 서울, 삼풍

메모리[人]서울프로젝트 막바지, 삼풍백화점 참사로 여동생을 잃은 '오빠'를 만났습니다. 신혼여행에서 갓 돌아온 여동생은 실종된 지석 달 만에 발견됐다고 합니다. 저와의 인터뷰 도중 동생의 이름을 말할 때마다 오빠는 북받치는 울음을 참았습니다. 20년이 지났지만 아직도 유가족들은 참사 이야기를 꺼내지 못한다고 합니다. 처참하게 무너진 가슴은 아직도 아물지 못했습니다.

기억을 들려주는 일은 살아남은 사람만이 할 수 있습니다. 살아남은 누군가는 이야기하고, 우리는 들었습니다. 이 기록으로 살아남은 사람이 짊어진 '기억의 무게'가 조금이나마 나누어지기를 바랍니다. 기억 제공자분들께, '잊지 않고 있다, 함께 기억하겠다'고 말하고 싶습니다. 1995년 6월 29일 그날의 아픔을 들려주신 분들께 감사의 말씀을 전합니다. 고맙습니다.

기억수집가 홍세미

이 기억이
낡지 않기를

통신전문가 신 씨를 만난 것은 섭외전화를 하고 세 달이 지난 후였습니다. 연락처를 알아내기 위해 인터넷 검색은 물론 당시 사고를 취재했던 기자들을 두루 거쳤습니다. 각 통신사에도 전화를 돌렸지만 신 씨의 행방은 묘연했습니다. 우여곡절 끝에 연락이 닿은 전화기 너머에서는 "나 좀 그만 내버려두면 안 돼요?"라는 말이 튀어나왔습니다. 그 말을 듣는 순간, 그분의 지나온 20년 세월이 어땠을까 싶어 차마 다음 말이 떨어지지 않았습니다. 그리고 두어 달이 지났습니다. 다시 연결된 전화기 속 신 씨는 마뜩찮은 기색이 여전했지만 돌아온 질문이 달라져 있었습니다. "이제 와서 인터뷰는 왜 하려고 하죠?", "당시 구조 현장에서 삐삐 소리에 희망을 걸었던 사람들의 이야기를 남기고 싶습니다" 신 씨는 멋쩍게 웃었습니다. "저보다 훨씬 험한 환경에서 봉사한 분들이 많은데 제가 뭘 했다고 인터뷰를 합니까."

1995년 서울, 삼풍

땅속에 매몰된 주인의 위치를 알리고, 유가족들에게 고인의 음성 사서함 목소리를 들려주던 삐삐는 이렇게 다시 세상에 나왔습니다. 실종자를 찾아준 삐삐가 통신수단 그 이상의 기억으로 남은 것처럼 '메모리[人]서울프로젝트 기억수집' 역시 인터뷰 그 이상의 기억으로 남았으면 합니다. 1995년 6월 29일, 그날의 기억이 '사람'을 불러들였습니다. 저희는 기억에만 존재하는 고인들과 혼신의 힘을 다해 삶을 영위하는 유가족을 만났습니다. 만남을 통해 그분들의 기억은 씨줄과 날줄로 엮어졌고, 이제 독자들 앞에 펼쳐질 차례입니다. 숨고를 새도 없이 달려드는 일상을 탓하며 오래된 기억을 쉽게 지워버리곤 하는 우리들 앞에 놓인 이 기억이 더 이상 낡지 않기를 바랍니다. 인터뷰에 응해주신 모든 분들께 감사드립니다.

기억수집가 박현숙

힘겹게 세상에 나온
'참사의 기억'

    삼풍백화점 붕괴사고를 기록하며 가장 먼저 떠오른 곳은 '삼풍백화점 유가족 협의회'였습니다. 유가족분들의 기억을 꼭 기록으로 남기고 싶었습니다. 신문 자료를 찾아보니 '유가족 협의회'는 매년 양재동 시민의 숲에서 추모제를 지내고 있었습니다. 하지만 그분들을 찾는 일은 생각만큼 간단하지 않았습니다. 사무실이 따로 있는 것도 아니었고, 협의회 활동 역시 개인 참여로만 이루어지고 있었습니다.

    어렵게 유가족분들의 연락처를 알게 돼도 큰 사고로 가족을 잃은 분들께 전화드리는 일은 매우 조심스러웠습니다. 전화번호를 손에 꼭 쥐고 숨을 크게 들이마시며 전화를 걸었습니다. 거친 목소리의 어르신이었습니다. 조심스럽게 저를 소개하고, 인터뷰 취지를 설명하니 어르신은 바로 되물었습니다.

"이제 와서 그때 이야기를 꺼내 뭐하려고 합니까?"

몇 차례 더 전화를 드리고 집 앞에도 찾아갔지만 인터뷰는 끝내 성사되지 않았습니다. '20년 전이나 지금이나 달라진 게 없어, 굳이 속 아픈 이야기를 하고 싶지 않다' 하는 말씀에 더 조를 수 없었습니다. 무거운 마음을 뒤로하고, 다른 유가족분들을 찾아 나섰습니다. 저희는 듣고, 기록해야 했습니다. 아물지 않은 상처의 기억을 같이 아파하며 들었습니다. 20년간 잊으려 했던 기억을 생면부지의 사람에게 털어놓는 과정 속에서 예상치 못한 희망이 움트기 시작했습니다. 힘겹게 인터뷰에 응해주신 유가족과 생존자 여러분께 깊은 감사를 드립니다. 더불어 저희 기억수집가의 작업을 귀하게 여겨주셔서 감사합니다. 힘겹게 세상에 나온 '참사의 기억'이 우리 사회를 바꾸는 귀한 자료가 되길 바랍니다.

기억수집가 최은영

오늘도 내일도
계속 기록할 겁니다

한번은 맥이 탁 풀렸습니다. 『삼풍백화점 붕괴사고 백서』에 실린 20년 전 연락처로는 누구도 만날 수 없었기 때문입니다. 특정 전문 직종에 계셨던 분들 또한 관련 협회나 그분들을 취재했던 기자들을 통해 찾아봤지만 모두 실패였습니다. 맨땅에 헤딩하듯, 주변사람들에게 수소문하며 연락처를 하나하나 모았습니다. 20년 전 참사의 현장에 있던 소방관을 찾겠다는 일념 하나로 무작정 소방학교 강의도 찾아갔습니다. 구조 활동을 했던 광원과 군인을 찾기 위해 관련 부처에 수없이 공문을 넣었습니다.

기억제공자분들을 만나기 위해 가까이는 동탄, 제천부터 시작해 멀리는 부산까지 갔습니다. 그렇게 만난 당시 소방관, 광원, 자원봉사자, 경찰의 이야기를 들으면 들을수록 20년 전의 한국 사회와 작금의 한국 사회가 겹쳐 보였습니다. '한국 사회가 20년 전보다 퇴보한 게 아닌가' 하는 생각을 떨칠 수 없었습니다. 기억제공자들이 들려준 '20년 전 이야기 속 사람들'은 거칠지만 역동적이고 책임감이 강했습니다. 그에 반해 지금의 우리는 타인의 불행에 너무나 무관심하지 않은가 생각할수록 우울함이 밀려왔습니다. 머나먼 기억에 무슨 힘이 있을까 무력함과 회의감에 휩싸였습니다.

하지만 2014년 세월호 참사 이후, 쏟아지는 기록과 시민들의 연대를 보며 깨달았습니다. 삼풍백화점 붕괴사고를 겪은 '개인들의 기억'은 제대로 기록된 적이 없다는 것을요. 이것을 촘촘히 모아 역사의 작은 층위를 만든다면 이 무력감에서 탈출할 수 있다는 것도 말입니다. 유가족분들의 상처는 여전히 아물지 않았습니다. 세월호 유가족을 만나고 싶다는 분도 계셨습니다. 같은 상처 사이에 흐르는 공감과 연민을 보았습니다. 저는 이제 영상으로 기록을 하려 합니다. 이것이 또 다른 저의 역할이 아닐까 생각합니다. 오늘도 내일도 계속 기록할 것입니다.

기억수집가 김정영

역사가 되는 목소리,
예술이 되는 스토리
'메모리[人]서울프로젝트'

'메모리[人]서울프로젝트'는 빠르게 변화하는 서울의 발전 속에서 무심히 흘려보냈던 과거를 당사자의 목소리를 통해 공감하는 역사로 만들고자 기획된 구술·기록 프로젝트입니다.

서울문화재단은 2014년~2015년 '서울을 기억하는 세 가지 방법'으로 '서울의 아픔, 삼풍백화점', '서울의 추억, 동대문', '서울의 환희, 2002월드컵'이라는 주제를 선정하여 '기억수집'을 진행하였습니다.

이 중 하나인 '서울의 아픔, 삼풍백화점'은 15명의 기억수집가가 유가족, 생존자, 봉사자, 구조대 등 100여 명의 시민들을 직접 만나 구술·기록을 진행하였습니다. 그 결과물로 기획전시 〈이젠 저도 사랑을 시작할 수 있는 나이예요〉, 창작 판소리〈유월소리〉를 선보였으며 마지막으로『1995년 서울, 삼풍』구술집을 발간하게 되었습니다.

과거의 경험과 반성 속에서 우리는 더 나은 미래를 꿈꿉니다. 동시대의 목소리로 기록되는 서울의 역사는 다음 세대를 위한 지침이 될 것입니다.

소중한 기억을 제공해주신 시민 여러분 감사합니다. 여러분의 일상이 '역사'로 남을 수 있도록 '메모리[人]서울프로젝트'가 노력하겠습니다.

〈메모리[人]서울프로젝트 삼풍백화점 기억수집가〉

최은영, 김정영, 류진아, 박현숙, 홍세미, 권정희, 고바야시유, 고한솔, 김인욱, 안지숙, 이명숙, 이탁연, 정현지, 정희성, 최중매

〈메모리[人]서울프로젝트 삼풍백화점 기억제공자〉

강경민, 경광숙, 고병천, 고진광, 권오호, 김고미, 김구철, 김근영, 김남목, 김대석, 김동운, 김명완, 김명준, 김명현, 김문수, 김미선, 김미호, 김세경, 김영민, 김의재, 김인철, 김진배, 김창종, 김춘자, 김태훈, 김홍수, 김희섭, 도주동, 민경덕, 민병헌, 민필기, 박계병, 박규남, 박근혜, 박명섭, 박지석, 박지환, 박찬옥, 박태원, 박현갑, 박현숙, 박홍신, 배연주, 서유원, 서형석, 성회용, 손봉호, 손상철, 신영주(딸 이명주), 신왈현, 신용철, 안명옥, 양갑, 양경석, 엄경의, 오승택, 오영상, 왕순주, 우대영, 유승주, 유해신, 육광남, 윤명길, 이경재, 이광채, 이기중, 이리형, 이상권, 이상순, 이순남, 이순자, 이순자(유가족), 이승환, 이유순, 이일, 이정희, 이종관, 이창수, 이철수, 이홍파, 임채구, 장복심, 장용진, 전규찬, 전덕찬, 전신수, 정란, 정성복, 정윤희, 조윤미, 조종규, 조현삼, 주성근, 주영숙, 최세진, 최영섭, 최종환, 최준경, 하익봉, 하종강, 한경희, 한금선, 허재혁, 현철호, 홍은영, 홍헌표, 황주연

사진출처